La Festa di San Gennaro

Piccola Italia, New York, 1971

Saggio fotografico

La gente, il cibo, le attività

I0477408

Alan Pakaln

PREFAZIONE

Il fotografo.

Di professione, sono un ingegnere biomedico con molti anni di esperienza nella supervisione sull'applicazione della tecnologia medica all'Ospedale di New York. In qualità di amatore (dilettante), sono fotografo con molti più anni di esperienza che nella mia professione.

Sono nato a New York City (al Doctor's Hospital, ora condominio di lusso), e ho vissuto e lavorato nei dintorni di New York per tutta la vita. La mia istruzione nella fotografia è cominciata all'età di circa 17 anni, in una piccola camera buia, un armadio sotto le scale che conducono al seminterrato della casa in cui sono cresciuto. Ero un autodidatta e un orgoglioso dilettante: ho scambiato una giornata lavorativa per il gioco e l'amore per la mia stessa presa. Detto questo, la mia la camera oscura aveva due ingranditori, uno per il grande formato, e potevo produrre immagini sia a colori che in bianco e nero. E ora, uso fotocamera digitale, scanner e stampante.

In ogni successiva residenza, ho costruito una camera oscura: sotto un letto con piattaforma sopraelevata nel loft di Manhattan, in un soggiorno con finestre annerite in un 5 ° piano senza ascensore a Washington Heights, e in una camera da letto vuota di un appartamento nella Contea di Westchester, New York. Non sono mai stato un appassionato di alta tecnologia, ma ho studiato aspetti del sistema di zona di Weston e Adams. Ho anche fotografato in medio formato usando una Mamiya, C330, 2 1/4. Tuttavia, le mie fotocamere preferite erano la Nikkormat 35mm e le prime economiche fotocamere automatiche, come la Brownie con 127 pellicole.

CONTENUTI

INTRODUZIONE

New York City, 1970's

Nei primi anni '70, la città di New York stava iniziando una scivolata in rovina che avrebbe raggiunto il picco alla fine degli anni '70. Anche quando gli inquilini avevano iniziato a trasferirsi nel nuovo complesso del World Trade Center, molti dei distretti stavano perdendo abitanti, gli incendiari bruciavano edifici per l'assicurazione, i graffiti erano ovunque, la criminalità era alta e la città era al verde.

Come tutto ciò sia accaduto è una storia a parte, ma una cosa era chiara: la città non era bella da vedere. A New York, si potrebbe dire che il 1971 ha rappresentato una pausa tra le tempeste: le rivoluzioni sociali degli anni '60 e il deterioramento della fine degli anni '70.

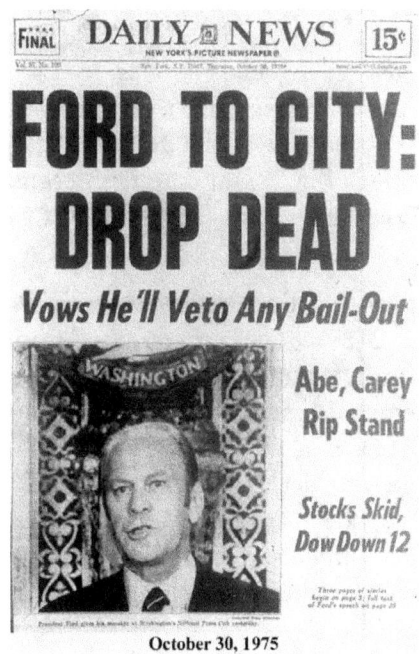

October 30, 1975

Il Festival

Le storie registrate sulla Festa di san Gennaro non offrono molti dettagli circa gli anni '60 e i primi anni '70 se non informazioni di base circa la sua esistenza. La Festa non era stata ancora esposta a pieno titolo ai mezzi di comunicazione e non era molto conosciuta oltre la conoscenza locale, i parenti in visita e alcuni turisti avventurosi in cerca di angoli esotici della città.

Prima degli anni '60 esistono alcune fotografie e descrizioni - scene di crimini e altri resoconti storici - ma si potrebbe supporre che l'attenzione a questo festival possa essere stata limitata a causa di una società distratta dalla guerra in Vietnam, dalla politica e dalle persone in rivolta. Come catturatore di attenzione, il festival non urlò ad alta voce. Questo sarebbe cominciato a cambiare nel 1974 quando, commentando le sue dimensioni, il New York Magazine definì il festival "nessun posto per i pusillanimi".

In parole povere, la zona di Little Italy è delimitata a nord e a sud dalle vie East Houston e Canal, a ovest e ad est da Lafayette e Bowery. Secondo molti resoconti, la popolazione italiana di Little Italy nel ventunesimo secolo è una frazione di quello che era nel ventesimo secolo. Oggi, quella cultura è rappresentata principalmente da alcuni ristoranti e negozi, e anche da un festival, La Festa di San Gennaro.

Gennaro, Vescovo di Benevento e Santo Patrono di Napoli, nacque intorno al 272 d. C. Il fulcro del festival è in realtà la processione, che esprime la passione e la fede in ciò che quel Vescovo rappresenta: la sua fede, la sua dedizione e la sua determinazione di fronte a molte sfide. La storia di Gennaro è un misto di realtà e mito che derivano dal suo arresto per aver visitato un prigioniero, dalla sua evasione dalla punizione e dalla rappresentazione del sangue salvato dopo la sua esecuzione. È questa ampolla di sangue che costituisce il fulcro della processione del primo giorno del festival.

La Festa è ora presentata dai Figli di San Gennaro, una associazione senza scopo di lucro, e ha luogo ogni anno a partire dal 19 Settembre. Il primo festival ebbe luogo nel 1926 e si ripete da allora.

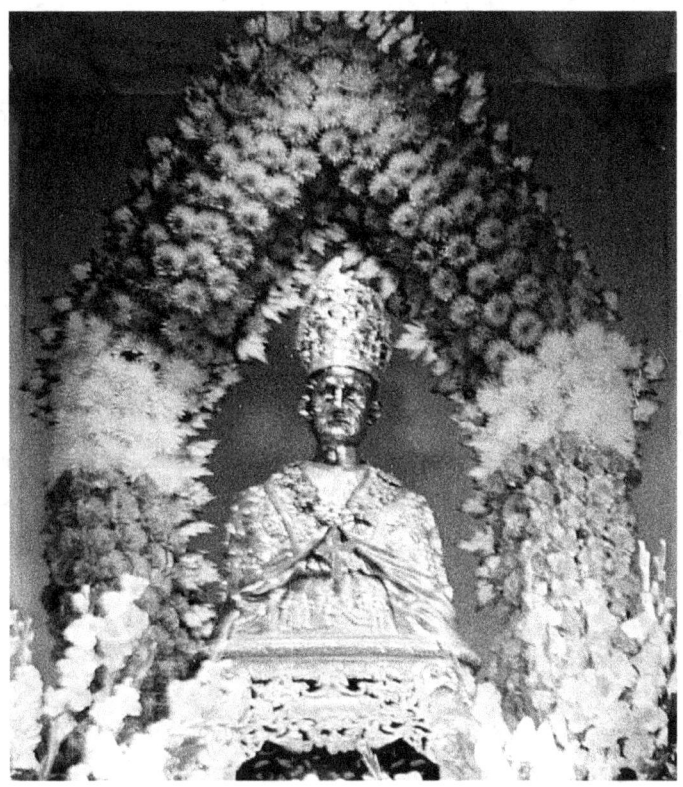

Le fotografie, Settembre 2017

Quello che vedo innanzitutto quando guardo queste fotografie sono i volti di quelli che lavorano per fare il festival, volti di un'età diversa, di un'era differente. Un'era appena prima della famiglia Genovese, e prima che Rudy Giuliani interferisse, prima di Mean Streets e The French Connection. Quando guardo questi volti vedo accettazione, accettazione del posto di una persona e del posto del festival nella comunità, una comunità che includeva tutti, anche la Famiglia, ma non ancora Giuliani, e non ancora Hollywood.

Era un'era particolare, basata sul duro lavoro e sull'esibizione di ciò che potremmo chiamare innocenza (in effetti, l'unica indicazione che potevo scoprire su chi effettivamente dirigeva il festival è in una delle mie fotografie, Luigi's Pizzeria & Heros , un segno nella finestra è firmato, "IL COMITATO").

Erano forse le 17:30 quando venni alla festa di San Gennaro a Manhattan. All'epoca vivevo nelle vicinanze e spesso giravo per le

3

strade con la mia macchina fotografica, una Nikkormat con film Plus-x, in bianco e nero, regolato ASA 200.

Realizzai che rimaneva poco tempo prima del tramonto. Questo era significativo poiché usavo pellicola a relativamente alta risoluzione che richiedeva molta luce. Vidi molte scene bellissime e cominciai a scattare, iniziando da una parte del festival e finendo dall'altra. Alcune persone pensavano che fossi della stampa; una persona mi chiese se ero del Village Voice – ricordo, questo era molto prima dell' estrema popolarità del festival e molto prima che tutti avessero una fotocamera nel telefono!

Tutte queste foto furono scattate in circa 45 minuti: per me fu un'esperienza straordinaria, essere così sintonizzato su un argomento. Tutte le fotografie sono mostrate esattamente come sono state scattate: full frame, nessuna manipolazione.

Una Visita Recente

È il 4 Novembre 2017 e sono appena tornato da una visita a Mulberry Street nella parte bassa di Manhattan, altrimenti conosciuta come Little Italy. Era una bella giornata autunnale, per lo più soleggiata, e un Sabato che significava che Little Italy aveva la sua giusta fetta di visitatori – acquirenti, persone che passeggiano, che mangiano e spettatori, come me. Ma io ho una missione: sono passati 46 anni da quando ho fotografato La Festa, e voglio provare lo stesso quartiere in un modo nuovo - con i miei occhi più vecchi e attraverso l'obiettivo di una fotocamera digitale.

Sto seguendo la stessa strada intrapresa nel 1971 e sto anche cercando di individuare Luigi's Pizzeria, o chiunque sia l'attuale proprietario. La mia fotografia di Luigi's è una delle poche che ha informazioni che documentano un luogo specifico, e ho pensato che potrebbe essere interessante se riuscissi a localizzare, almeno lo spazio che occupava 46 anni fa.

Volevo anche pubblicare le fotografie del 1971, prima di fondare la presentazione nel tempo presente, per avere un ulteriore senso di ciò che il tempo può fare e come non solo le scene sono diverse, ma anche come le guardiamo in modo diverso. Allora usavo una fotocamera reflex a obiettivo singolo, una pellicola in bianco e nero, con parsimonia, per fare in modo che ogni scatto contasse. Oggi ho una fotocamera digitale con uno schermo di visualizzazione posteriore per la composizione, e nessuna paura di rimanere senza pellicola.

Forse ho trovato il ristorante che ora è al posto di Luigi's (165 Mulberry Street), ma ho anche trovato quello che avevo letto spesso, che Little Italy, ancora attrazione molto popolare per i visitatori, ha ora una frazione della base culturale residenziale che aveva una volta. Tutte le società e le culture cambiano nel tempo e Mulberry Street non fa eccezione: non si può mai tornare indietro nel passato, eccetto che attraverso le foto.

Le seguenti sono alcune delle fotografie che ho scattato oggi. Potevo scattare a colori, ovviamente, ma volevo rapportarmi alle immagini nello stesso modo in cui lo feci allora. Cioè, per enfatizzare gli elementi grafici piuttosto che il colore, e mettere meglio in relazione le due ere da un punto di vista visivo.

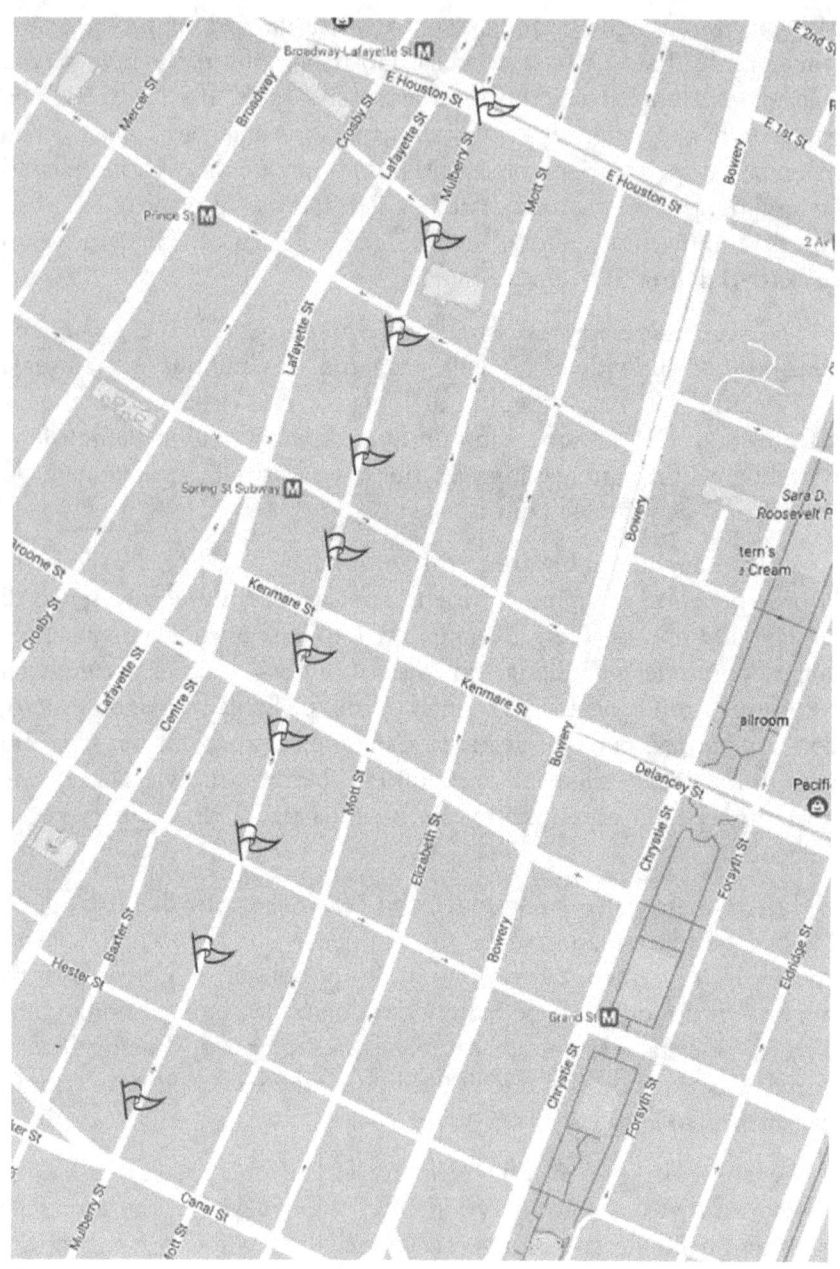

Mulberry Street

La posizione della Festa di San Gennaro

La Festa di San Gennaro

LITTLE ITALY, 4 NOVEMBRE 2017

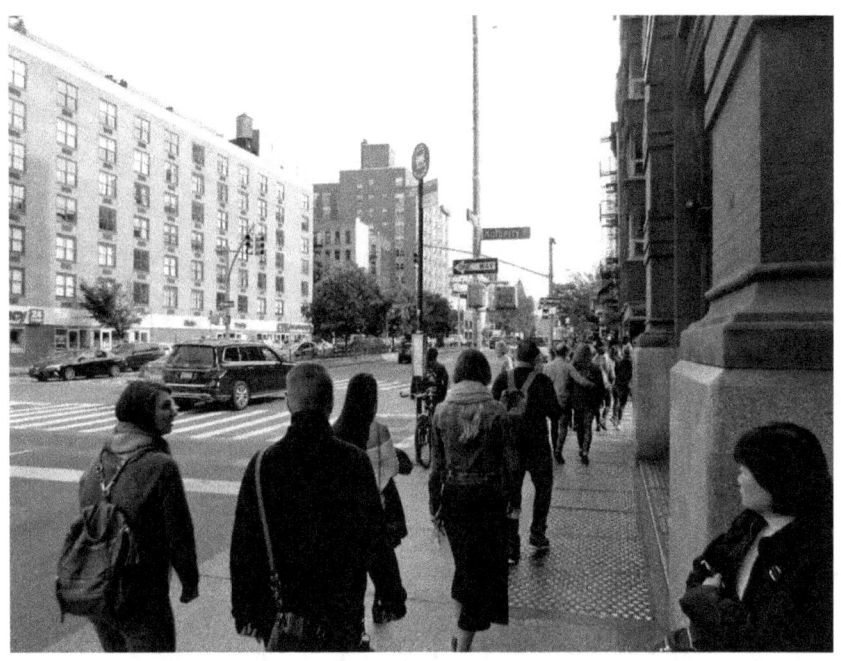

L'estremità settentrionale di Mulberry Street (sulla destra), guardando ad est su East Houston Street.

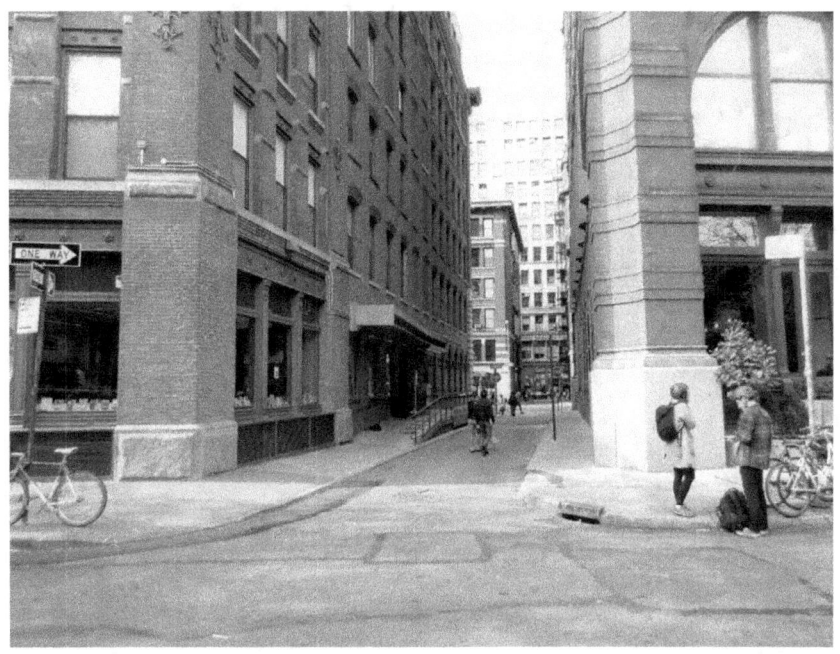

Appena si gira l'angolo in Mulberry Street, si passa
da una strada laterale molto piccola, Jersey Street.

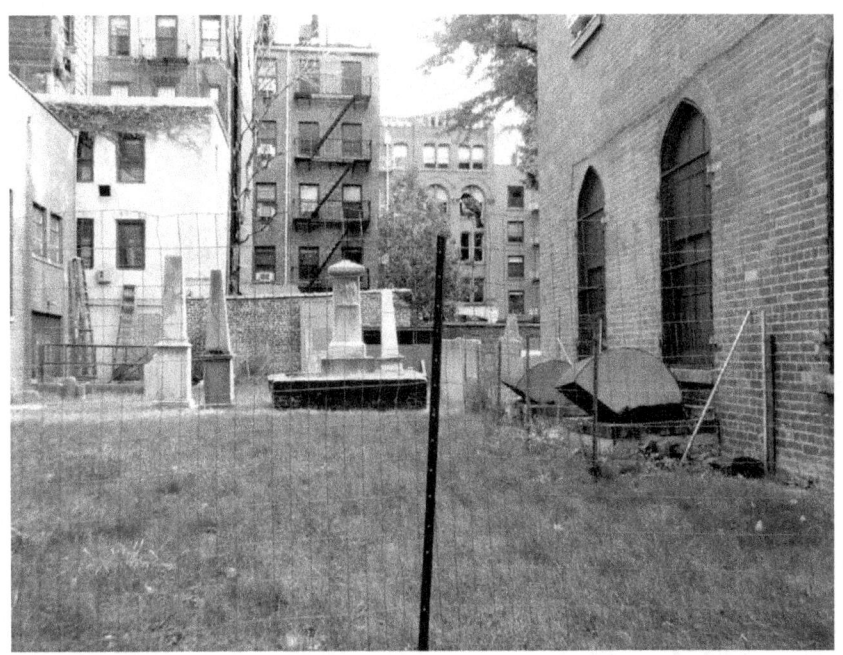

Cimitero vicino la Cappella di San Michele

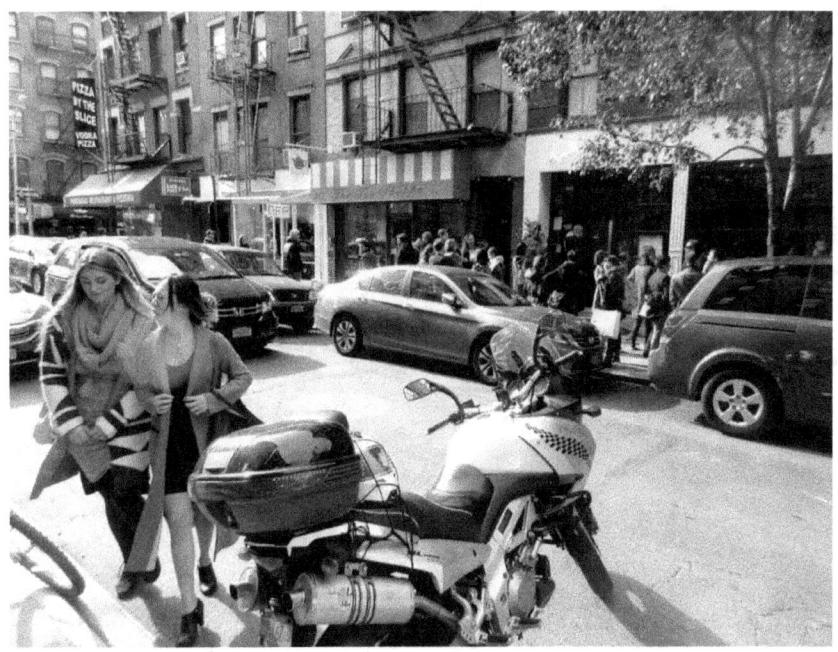

Scena in Mulberry Street

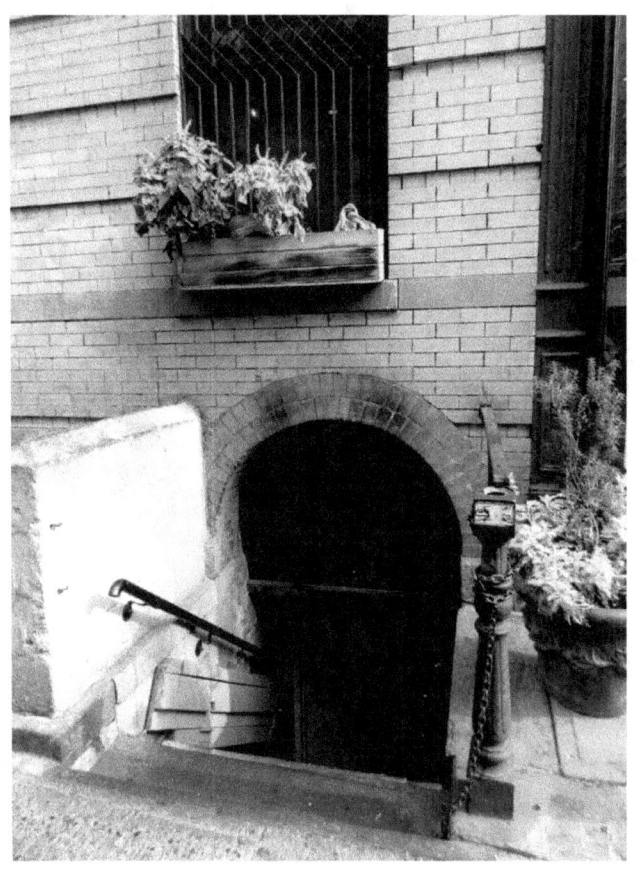

Porta posteriore su Mulberry Street

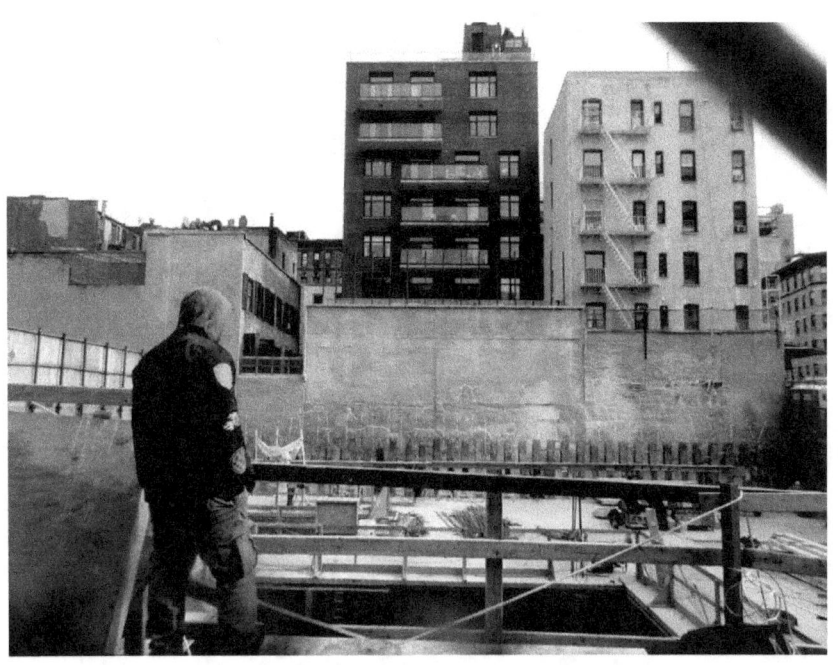

Costruzione, Kenmare Street e Mulberry Street.

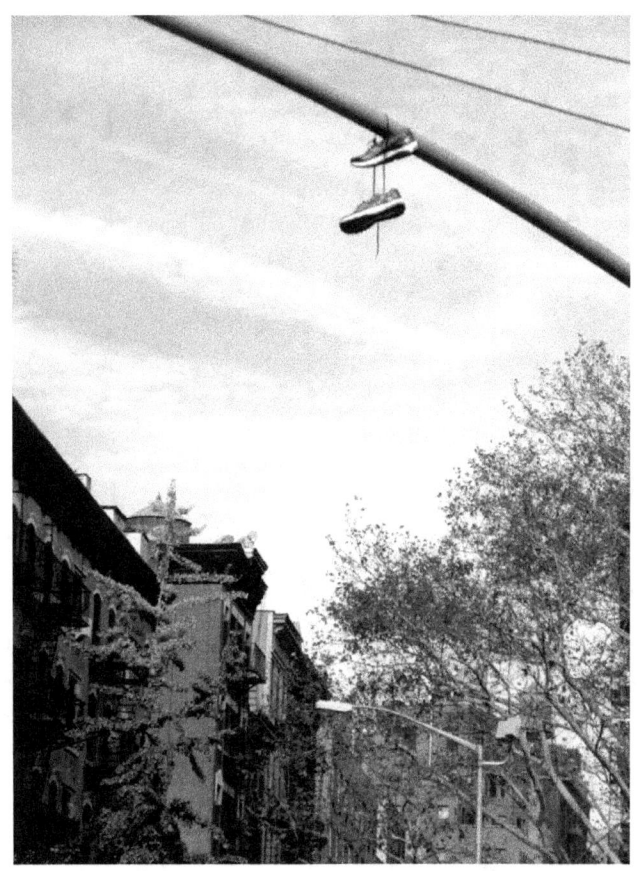

Kenmare Street e Mulberry Street

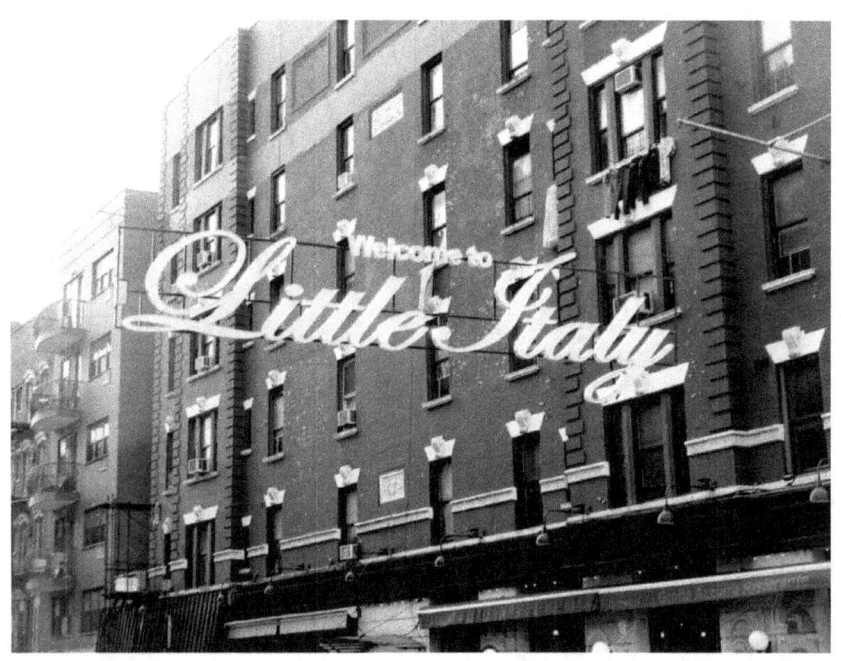

Broome Street e Mulberry Street

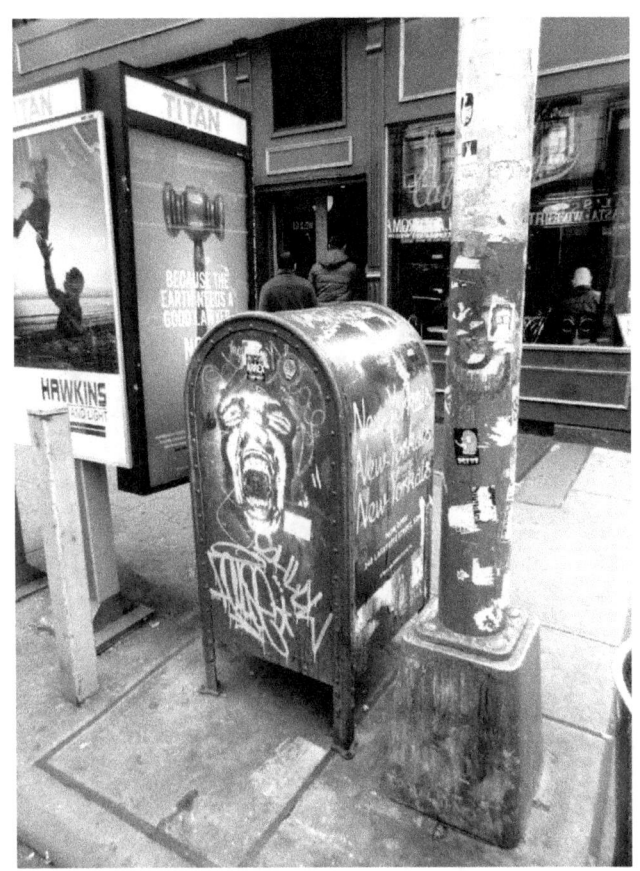

Cassetta della posta artistica

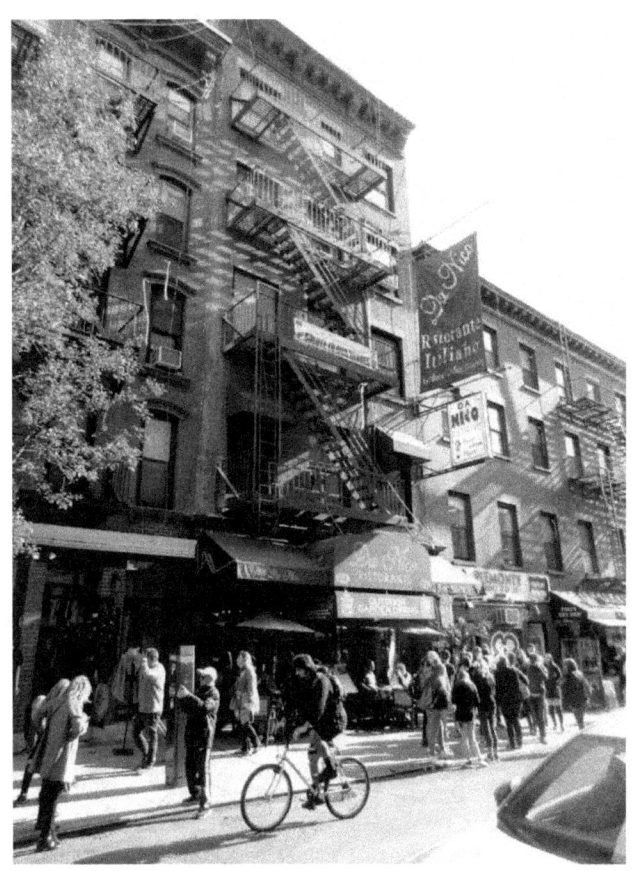

Scena in Mulberry Street

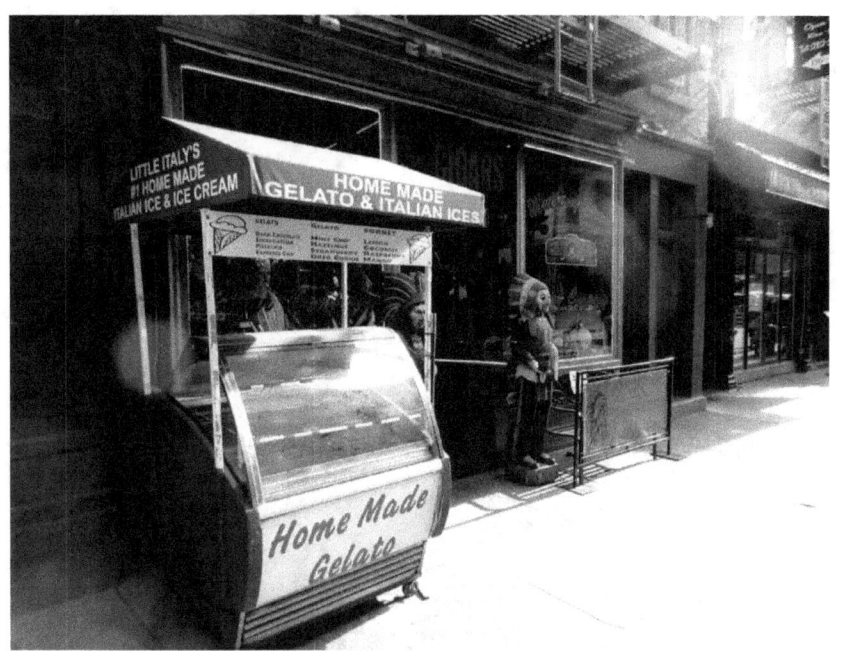

Gelato Italiano "Indiano"

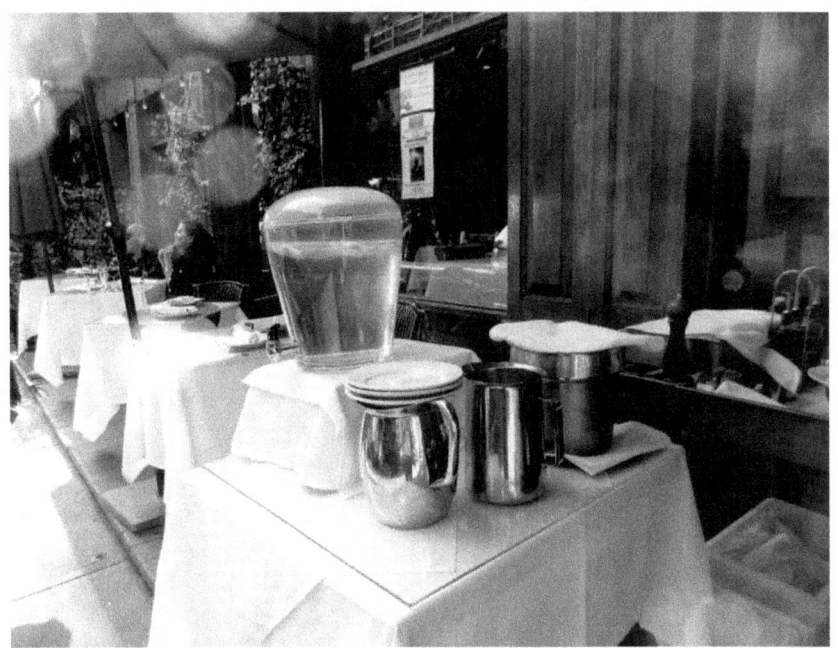

Limonata

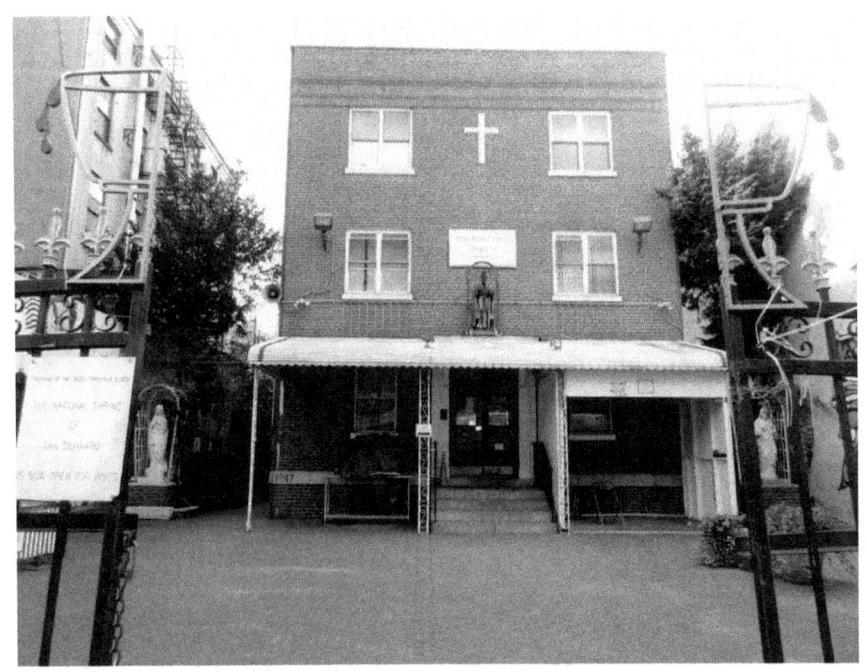

Il Santuario Nazionale di San Gennaro.

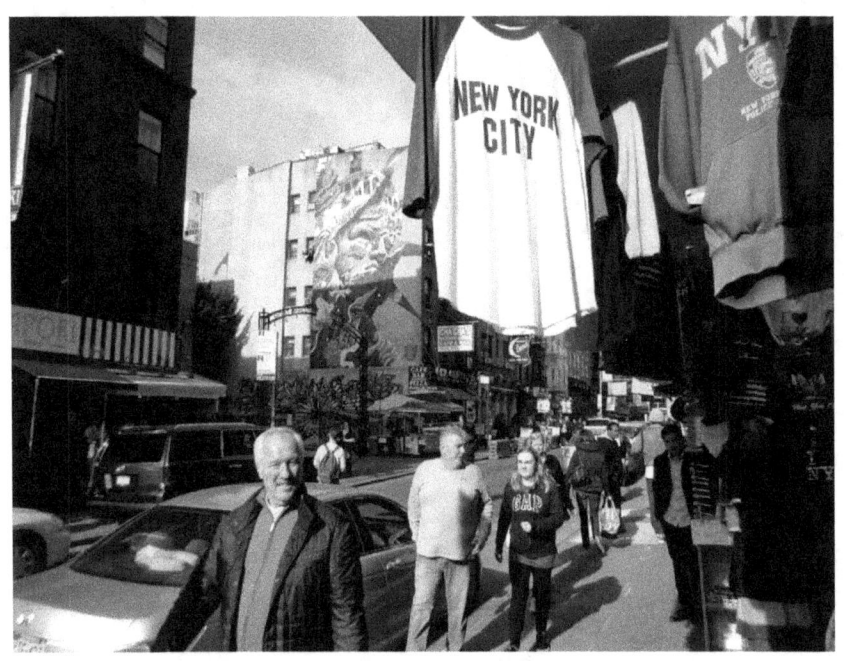

Scena in Mulberry Street

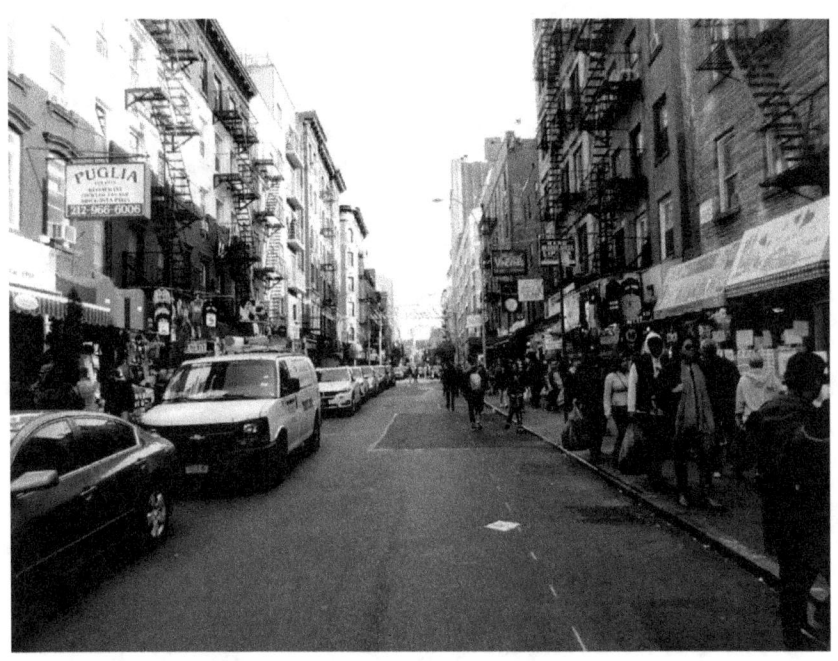

Estremità meridionale, Mulberry Street e Canal

La Festa di San Gennaro, 1971

Le persone

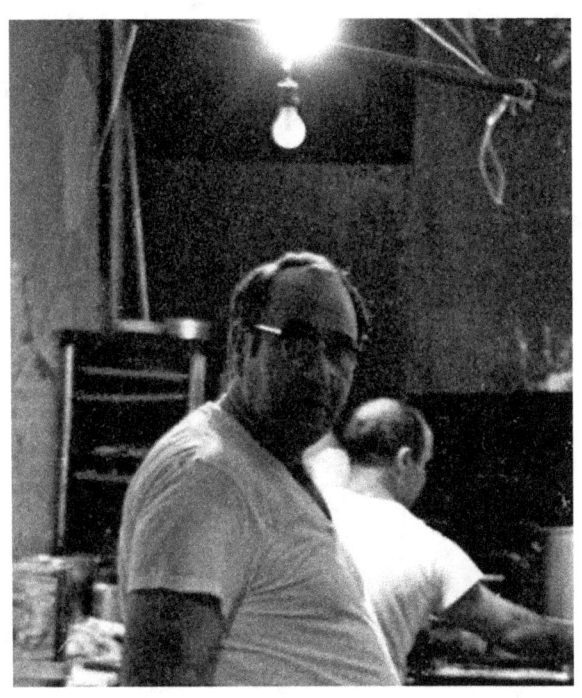

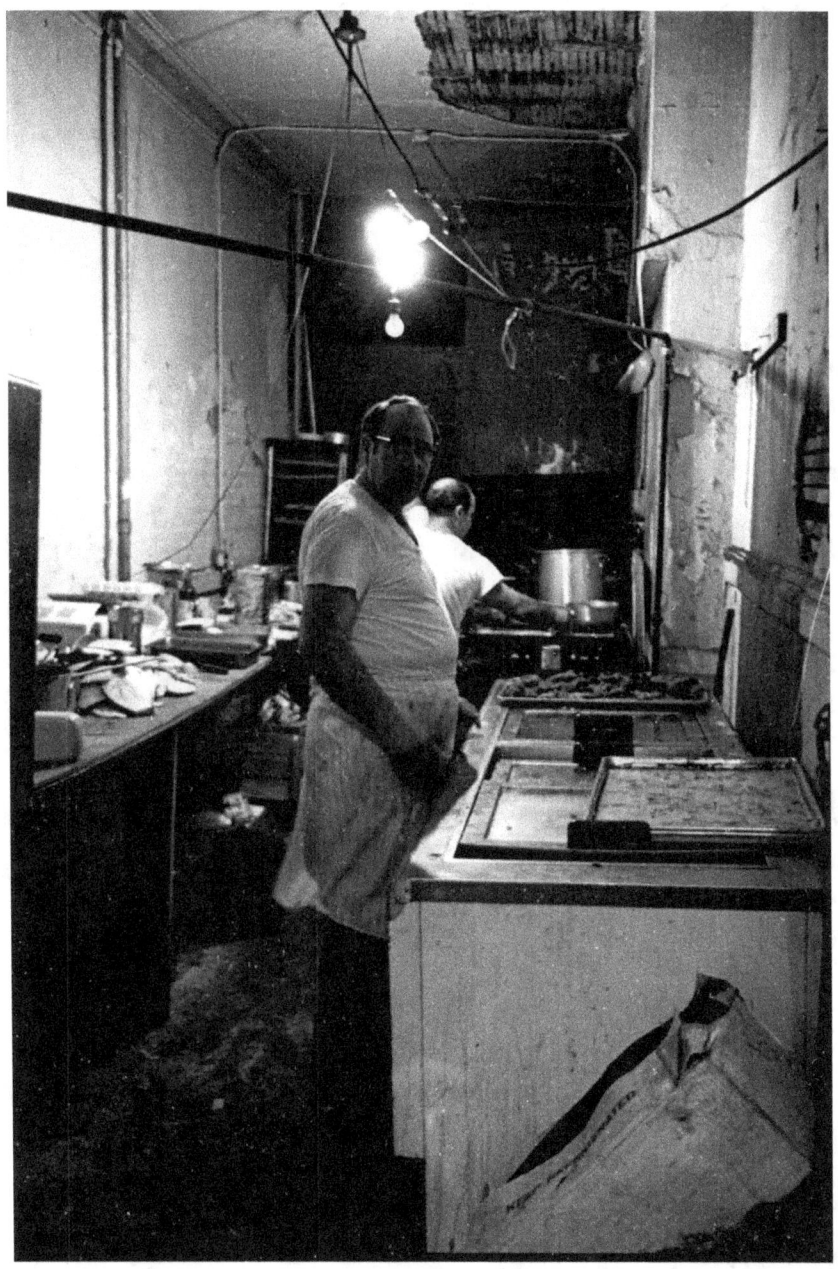

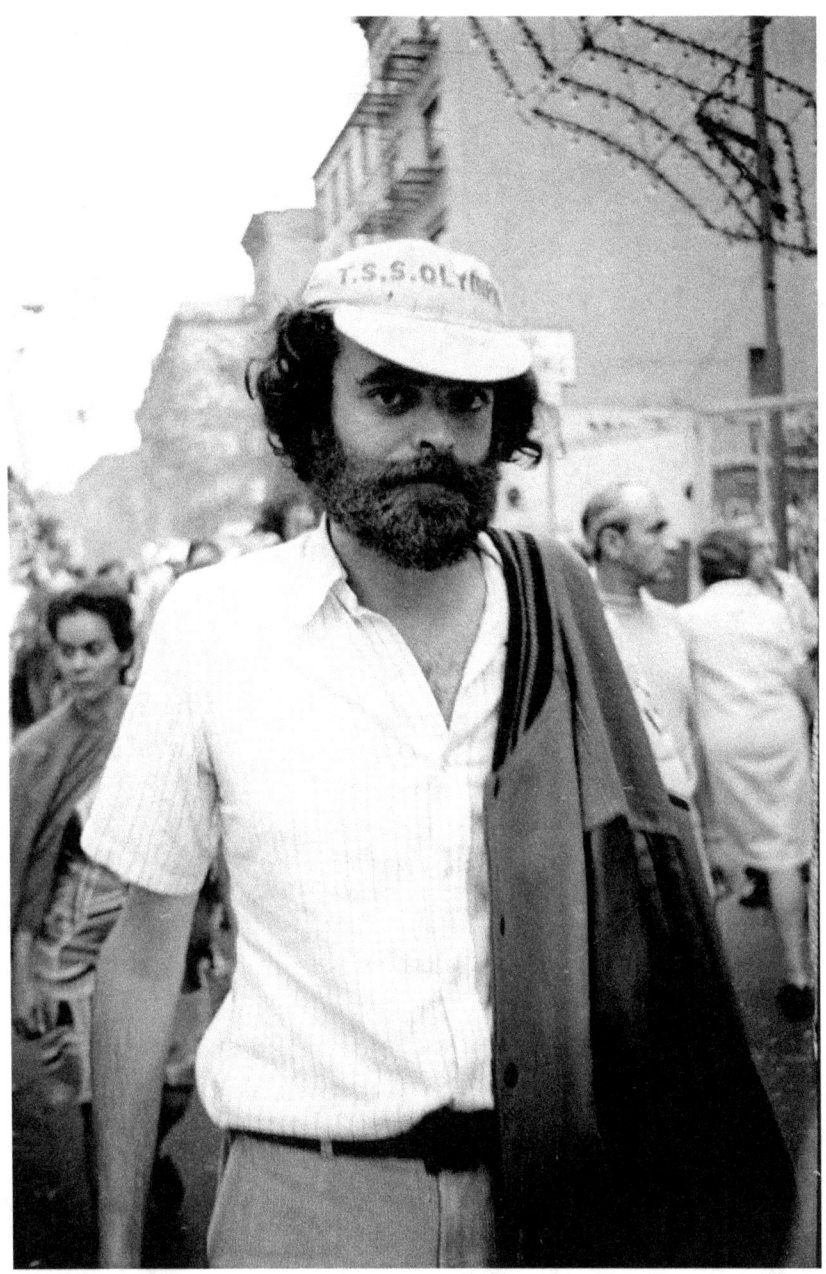

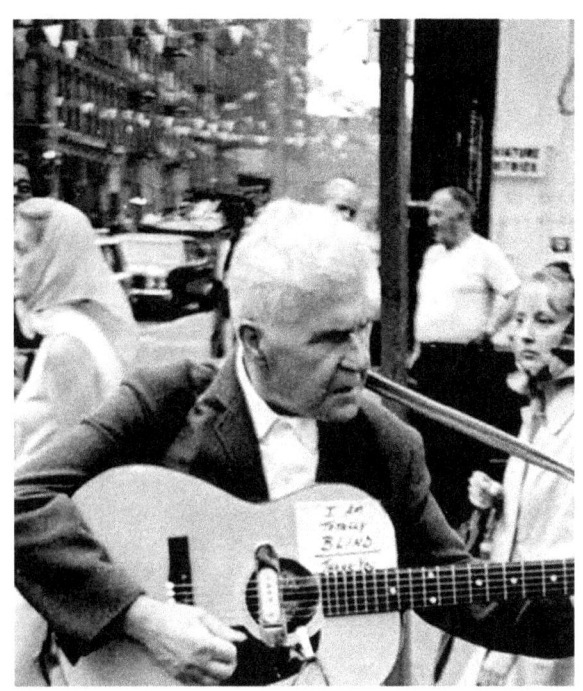

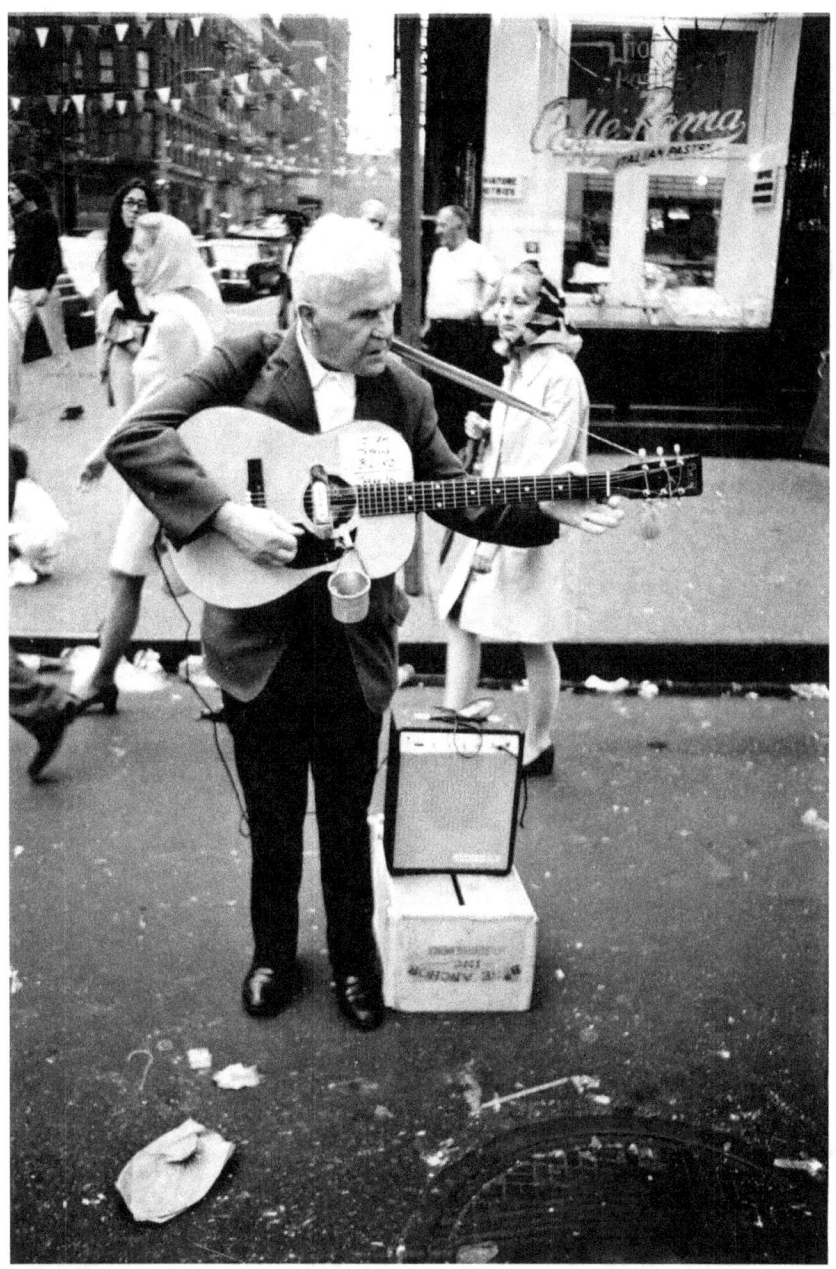

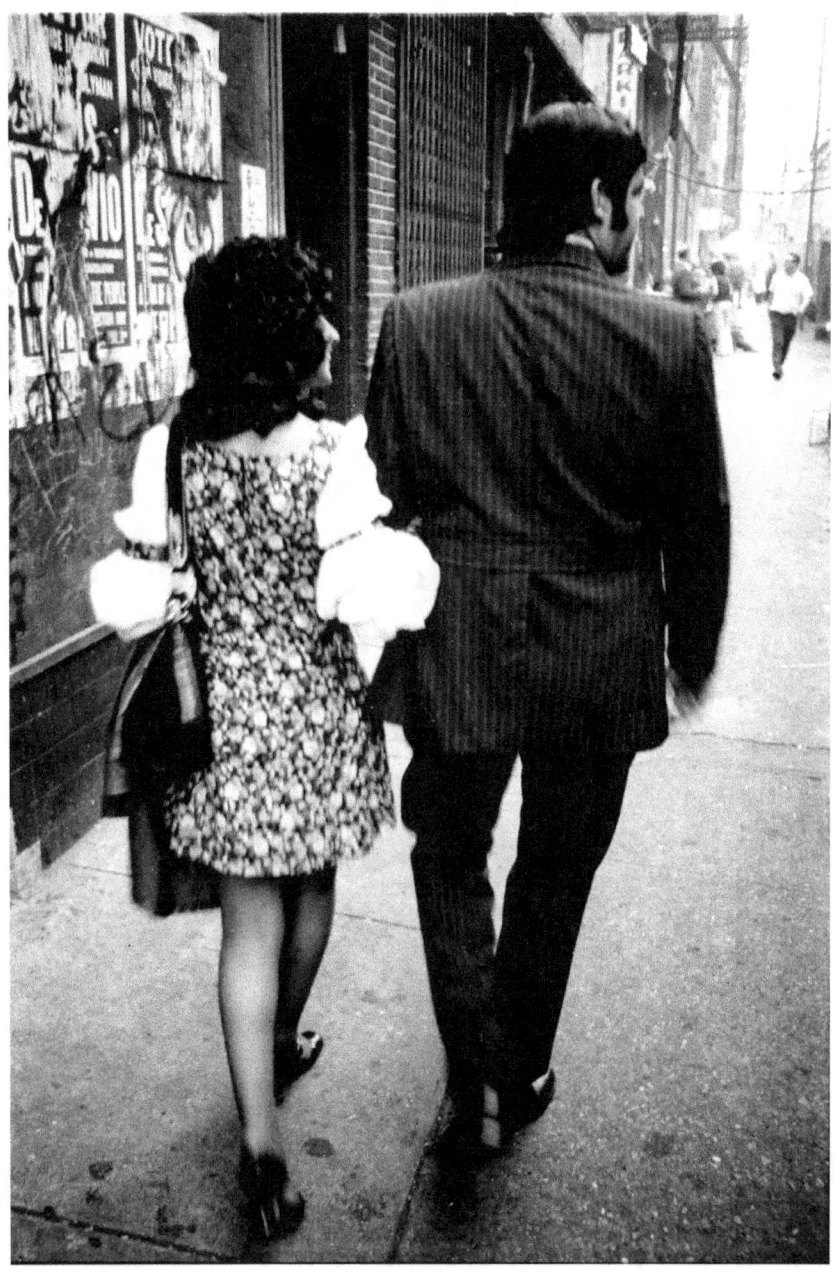

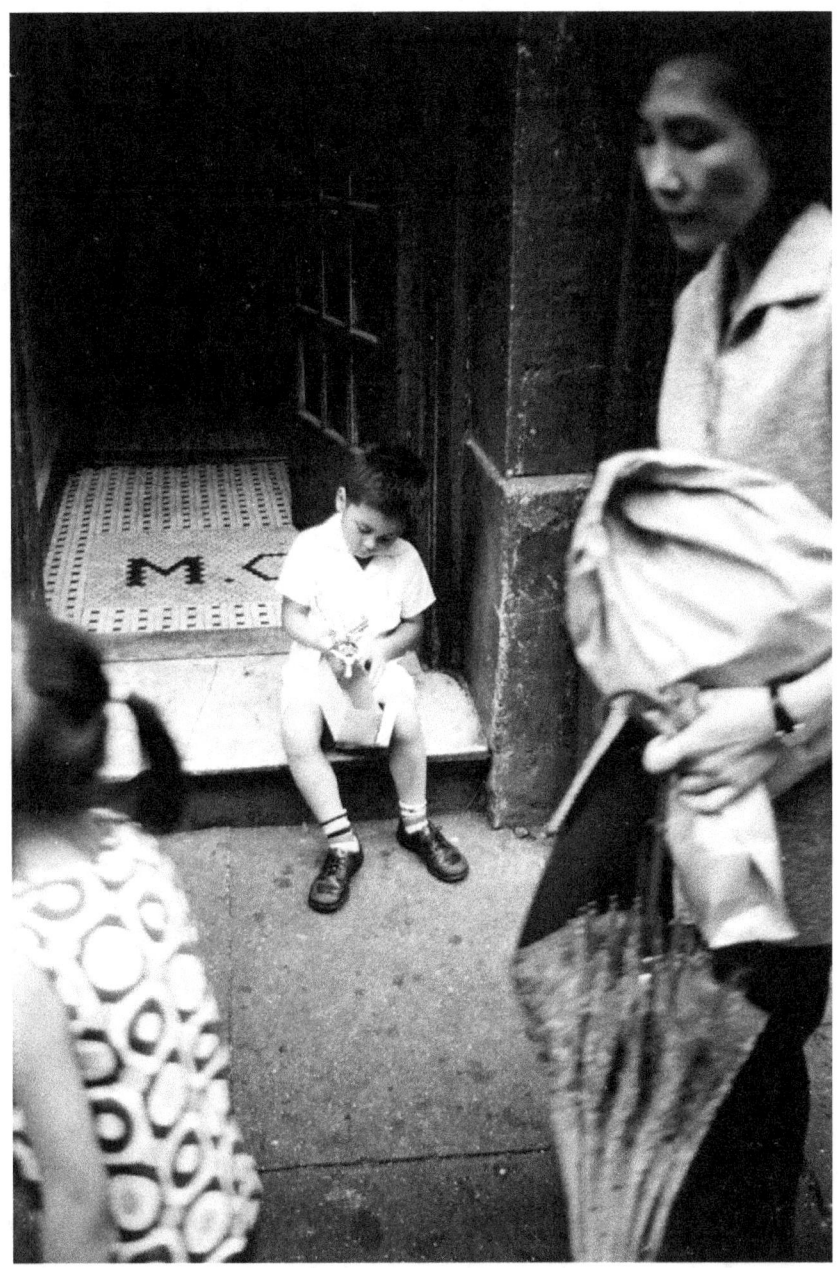

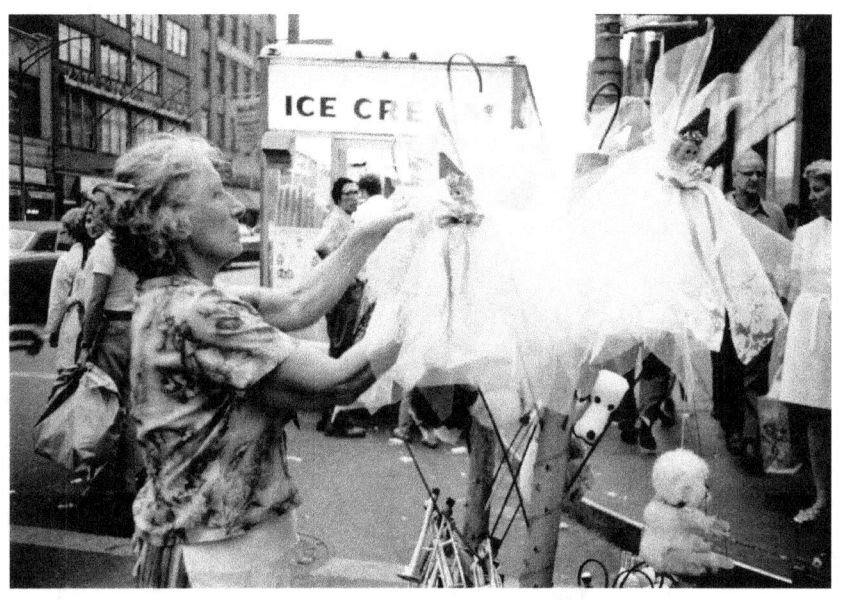

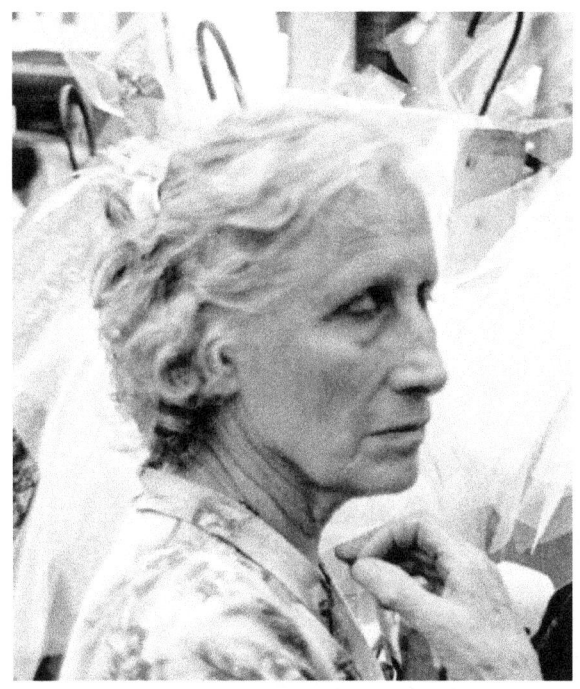

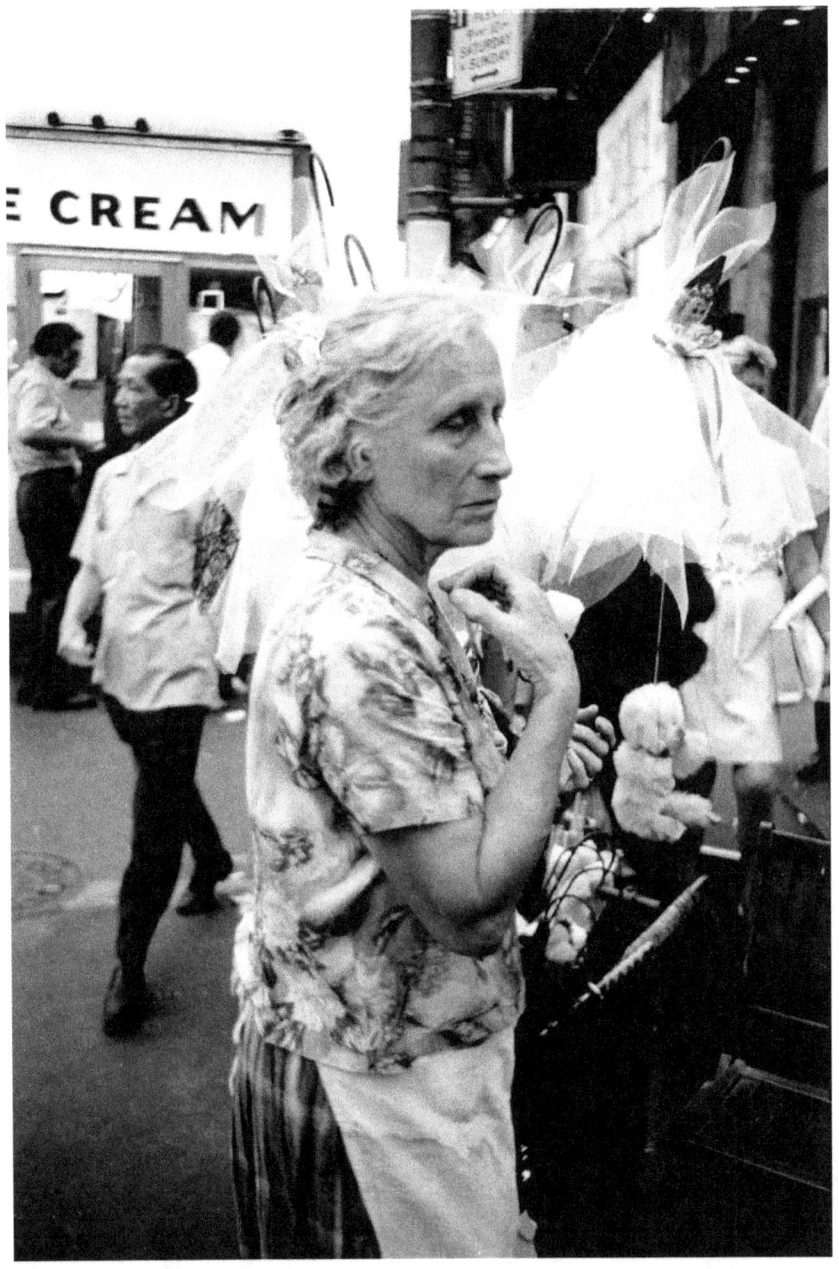

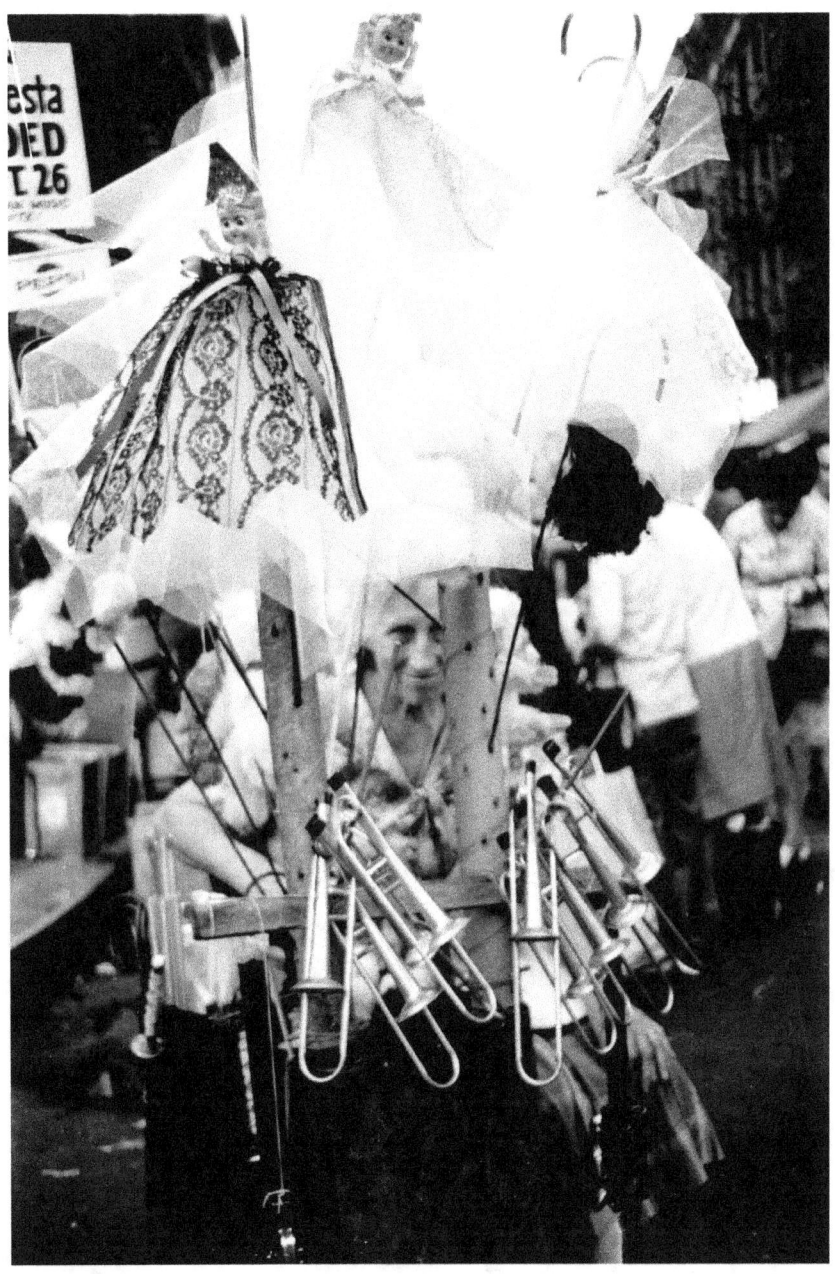

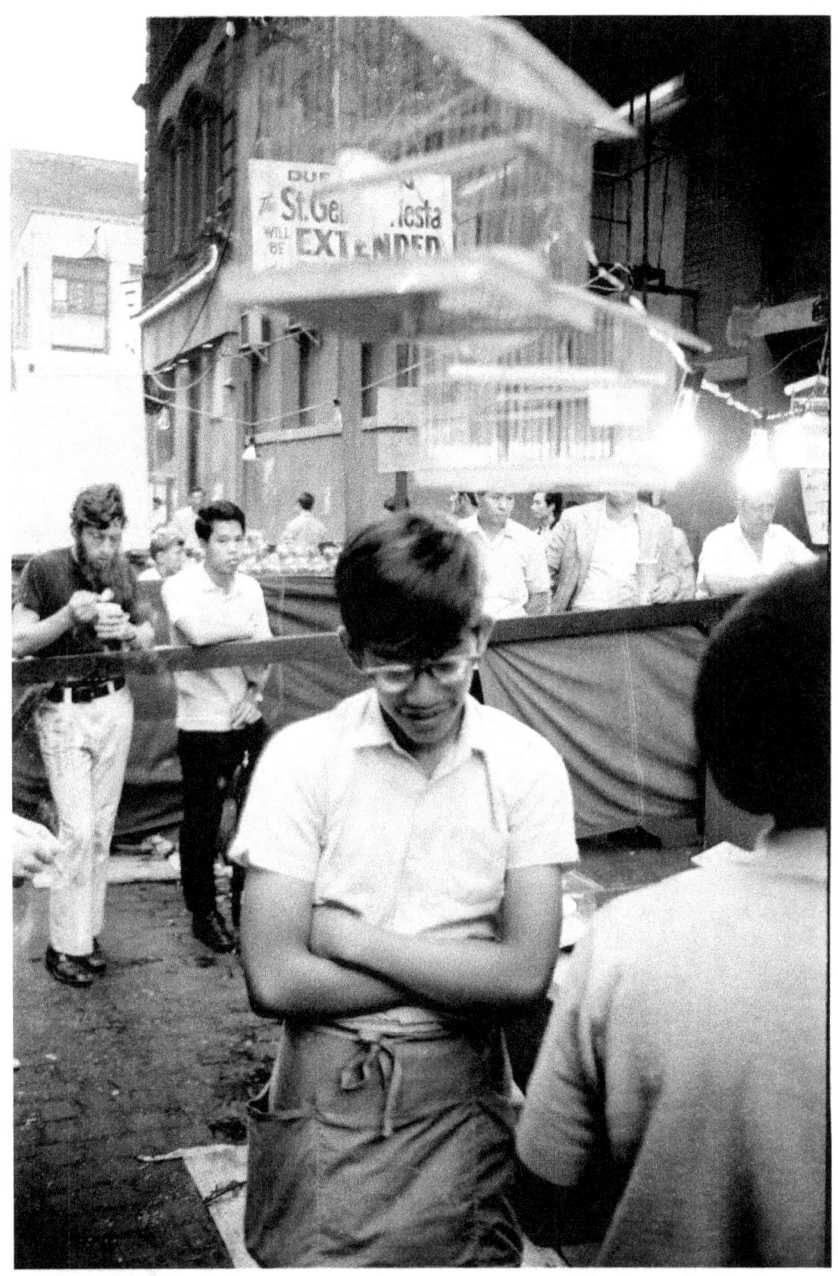

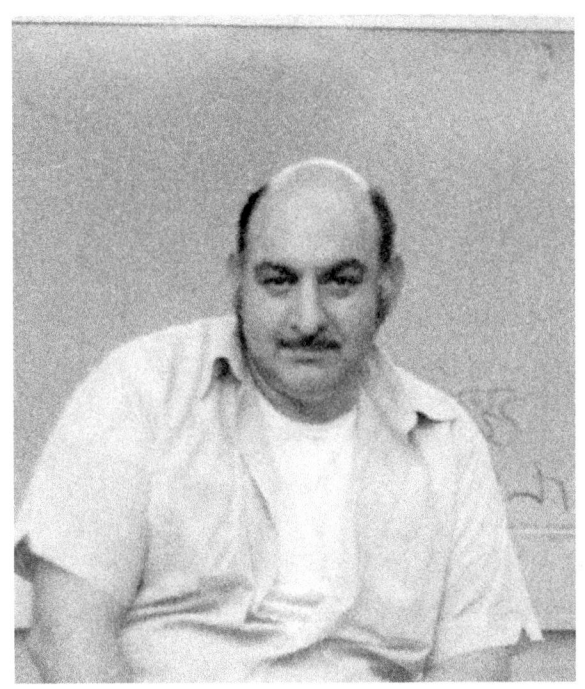

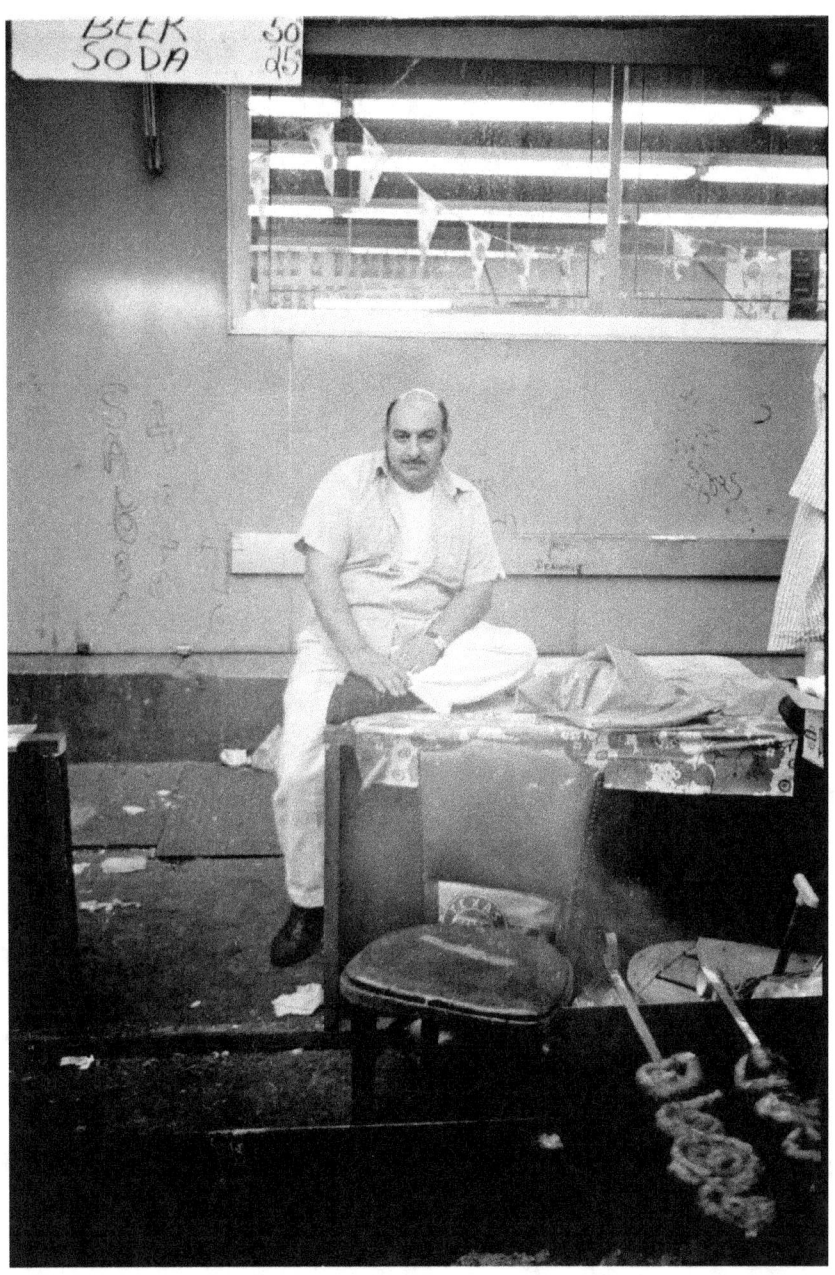

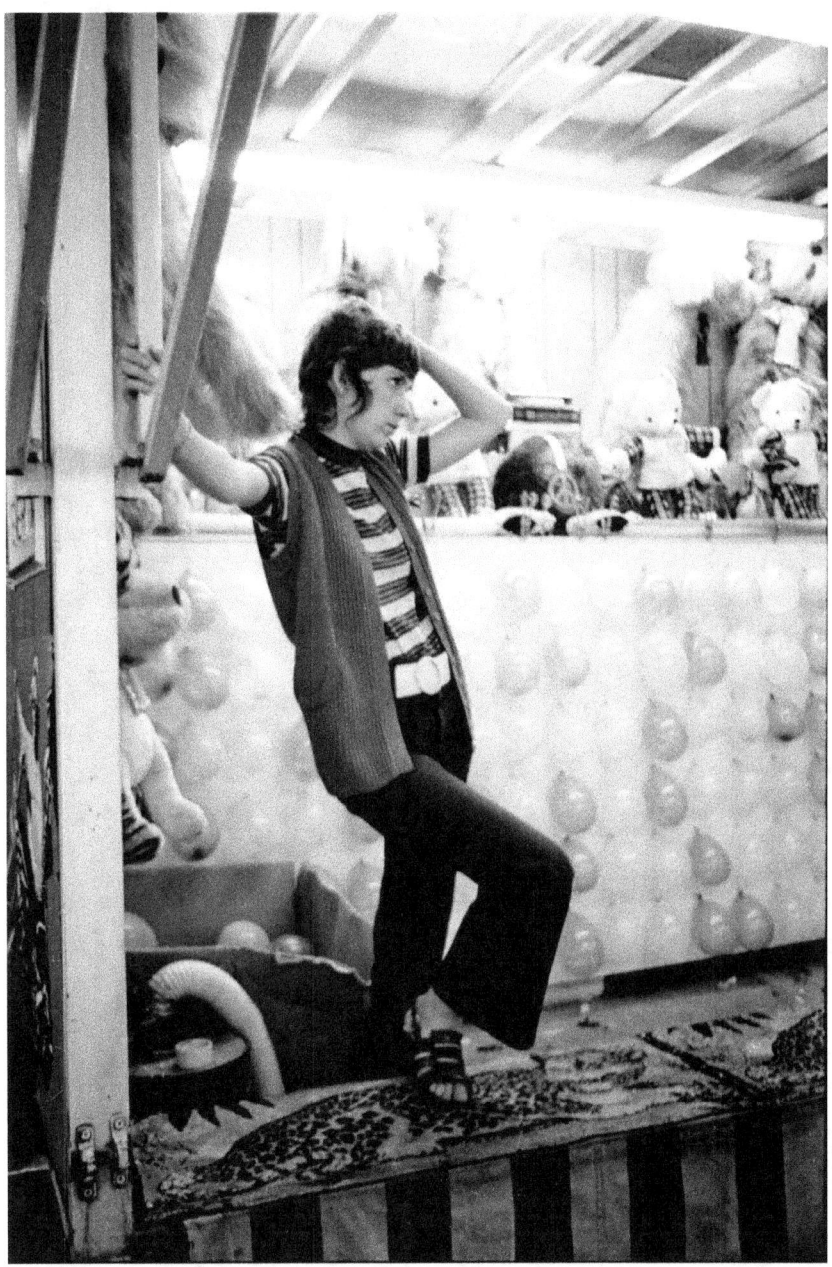

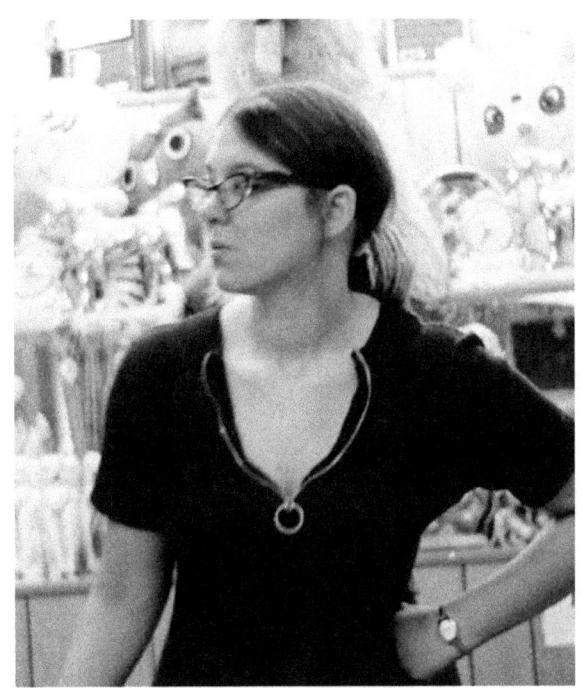

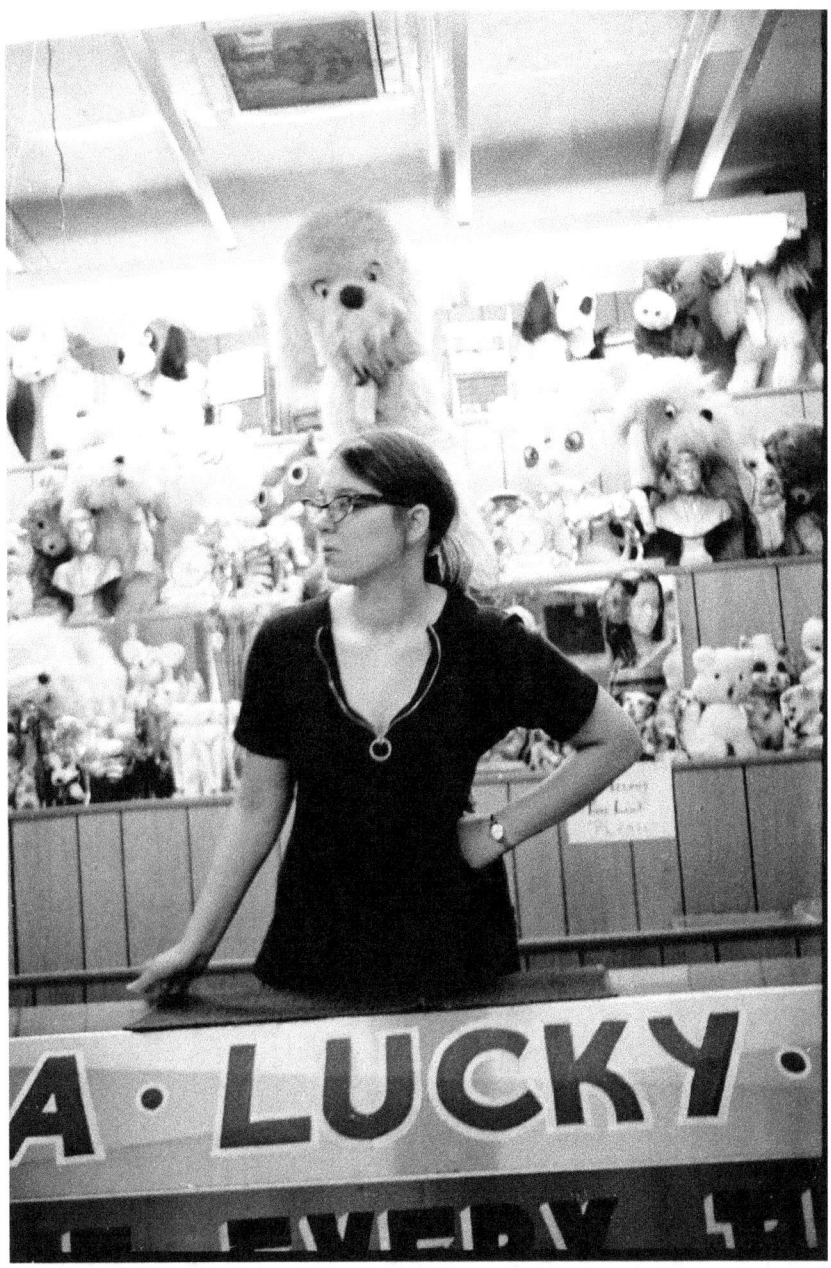

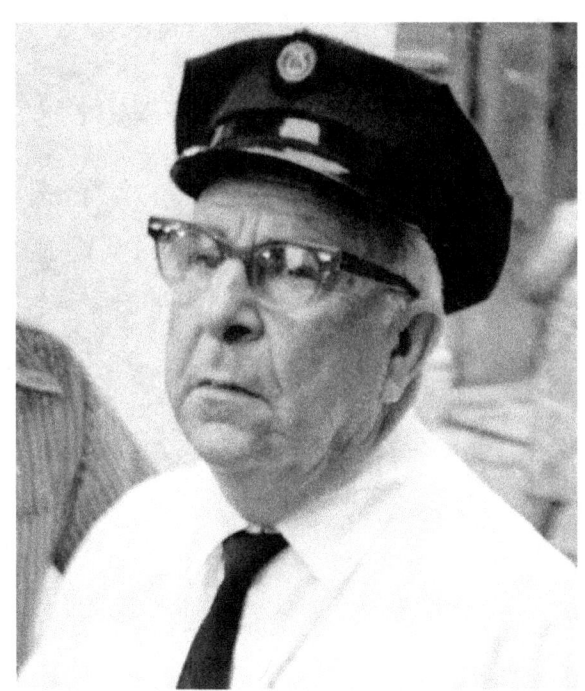

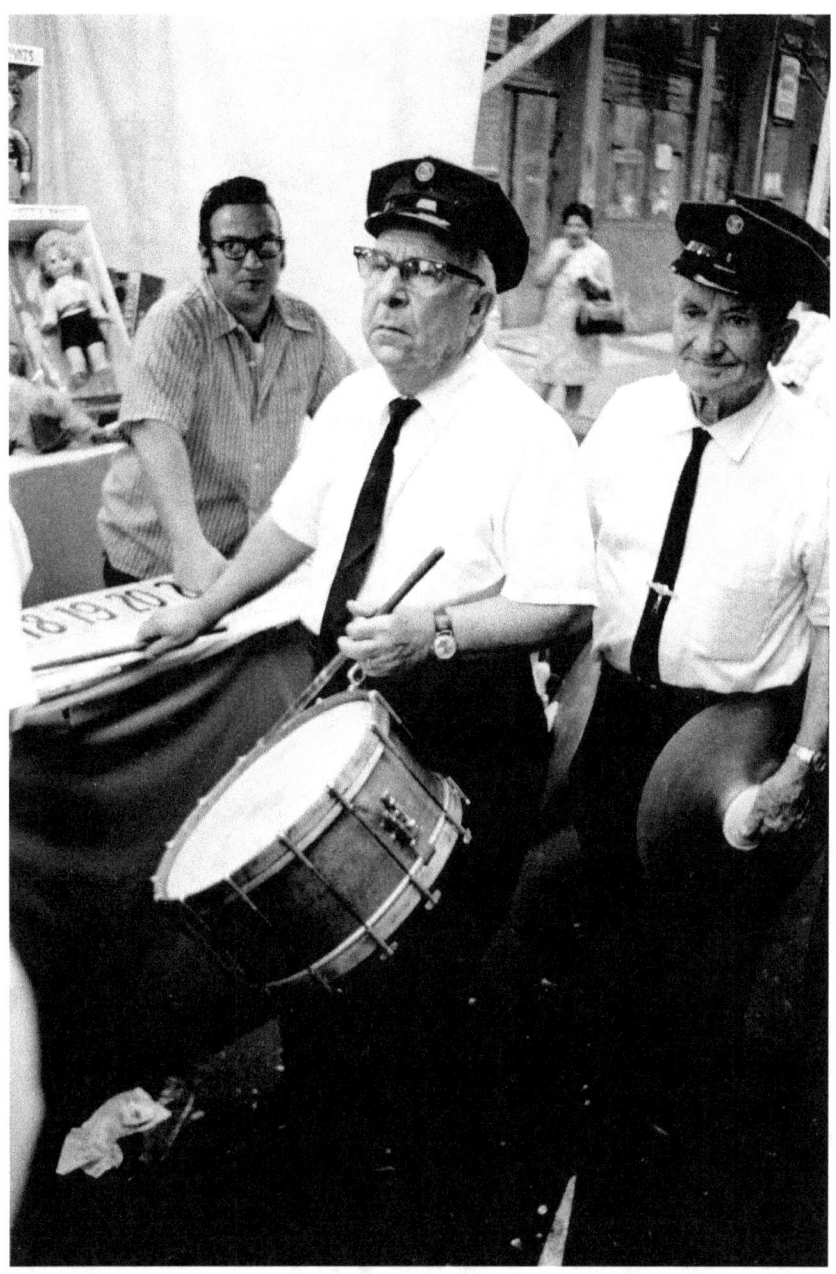

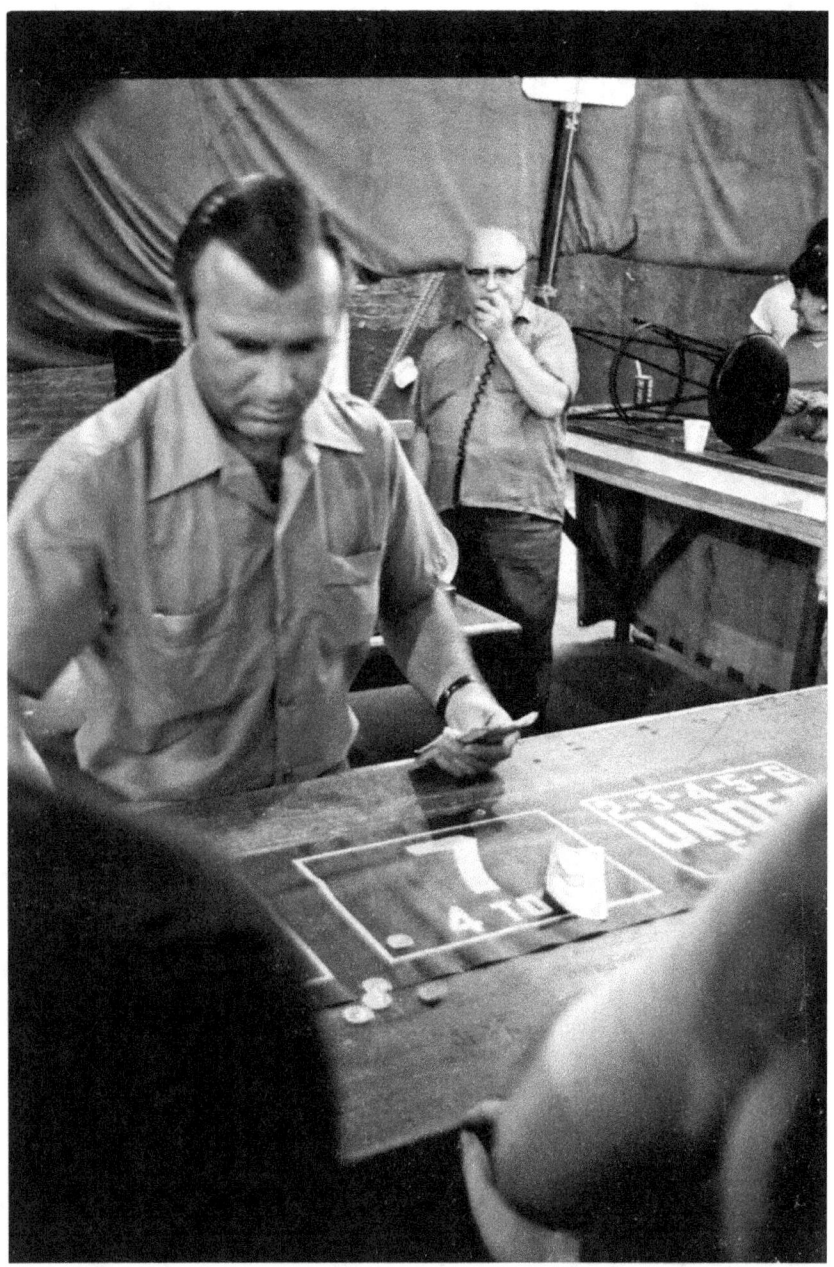

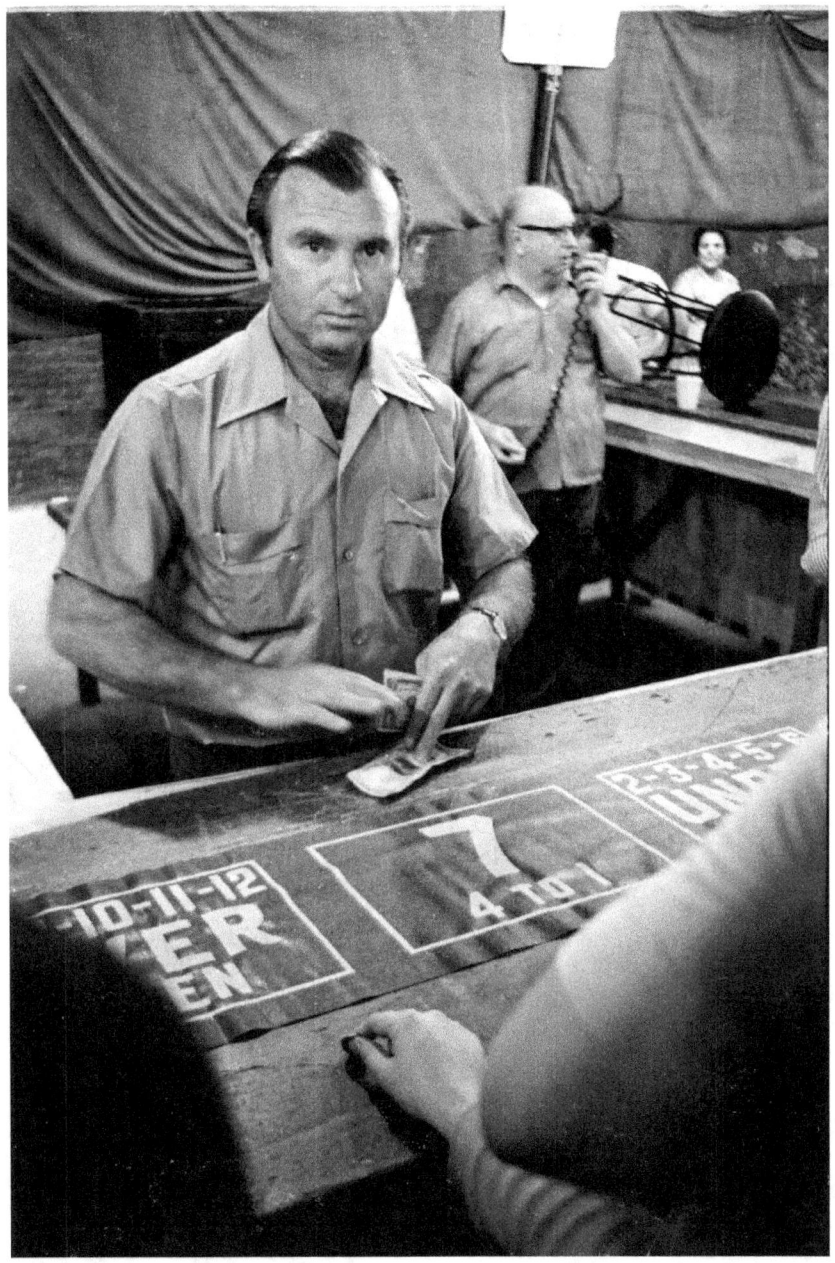

1971, Il cibo

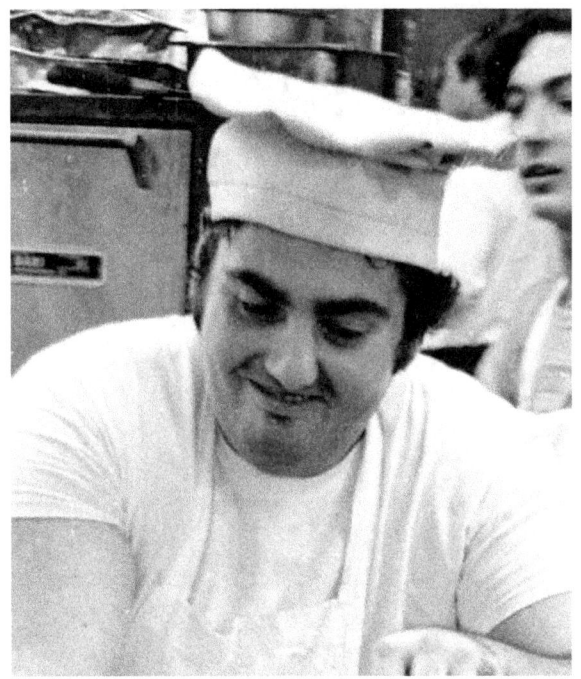

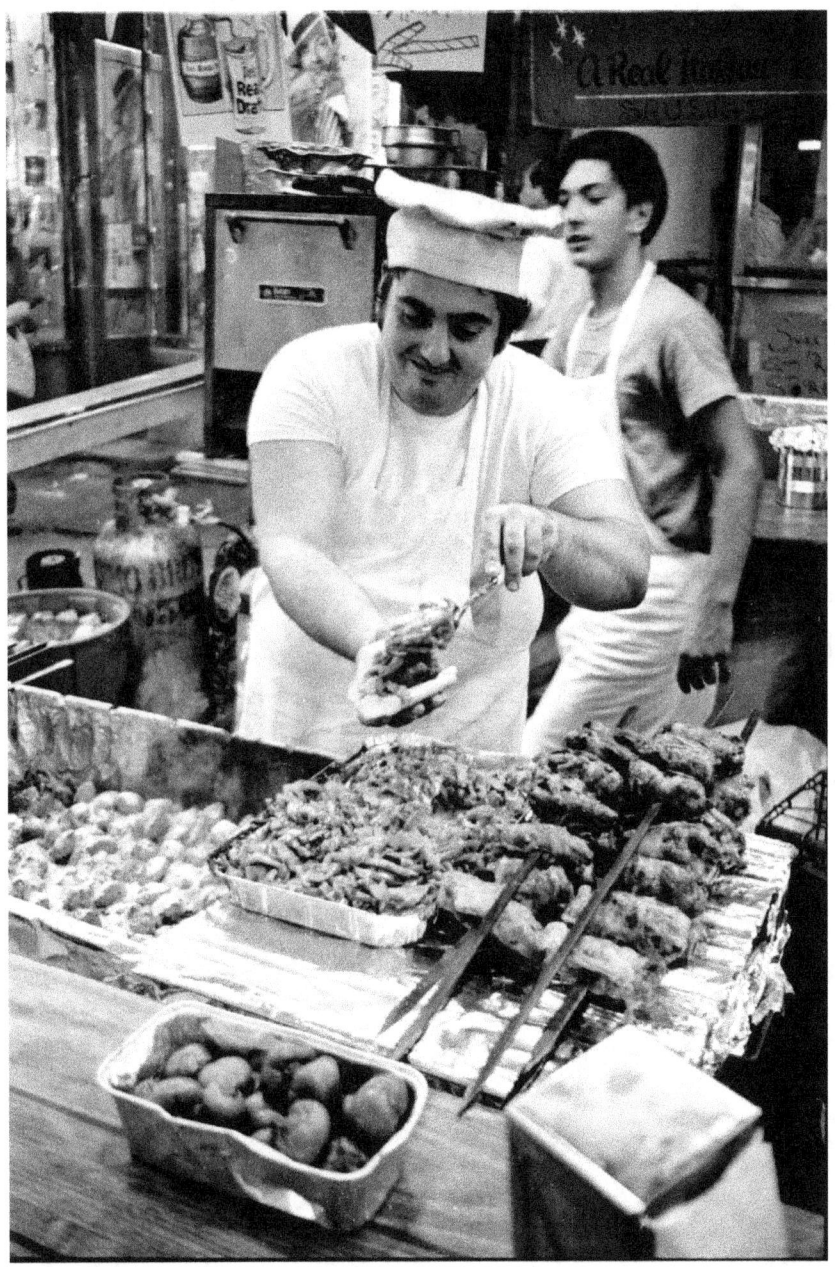

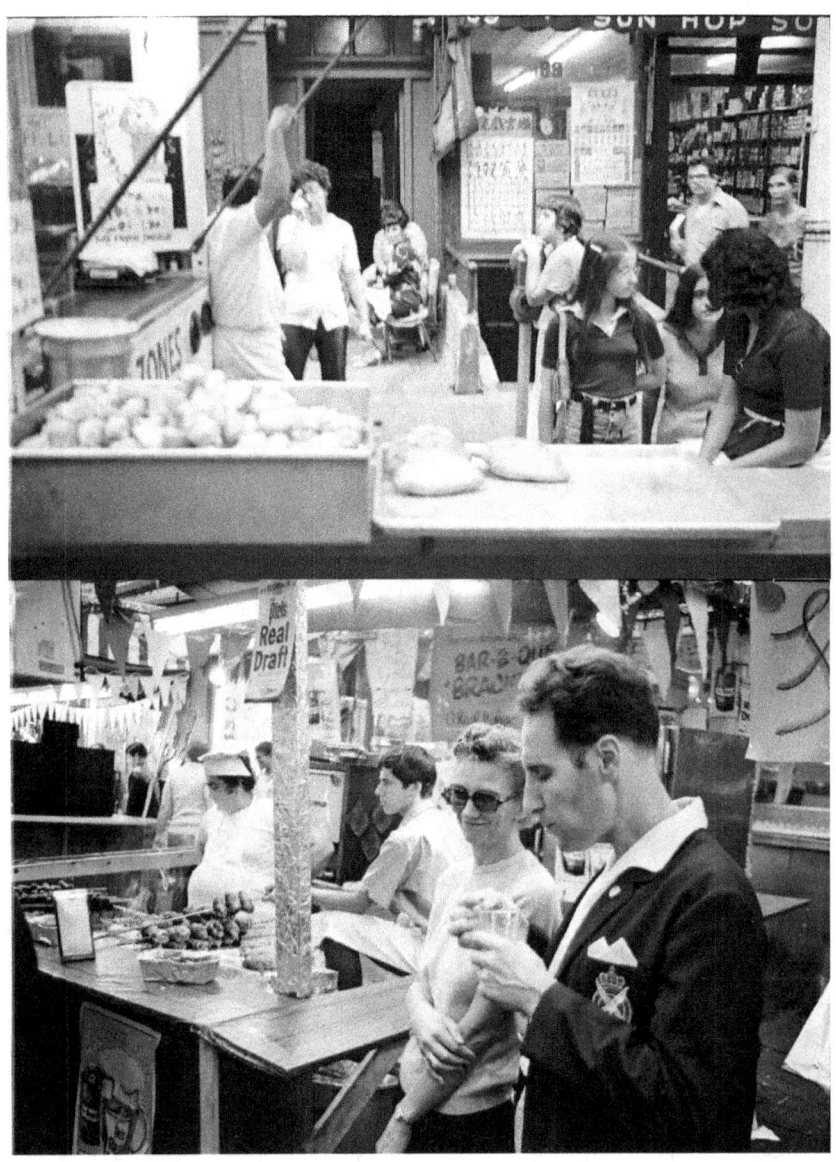

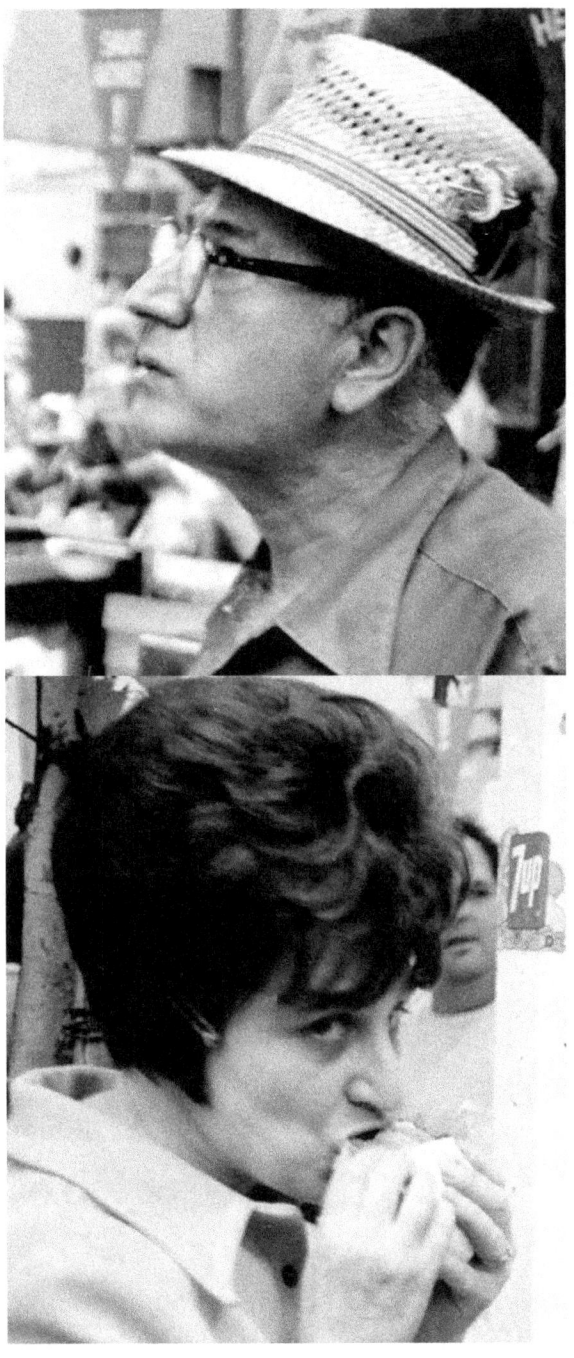

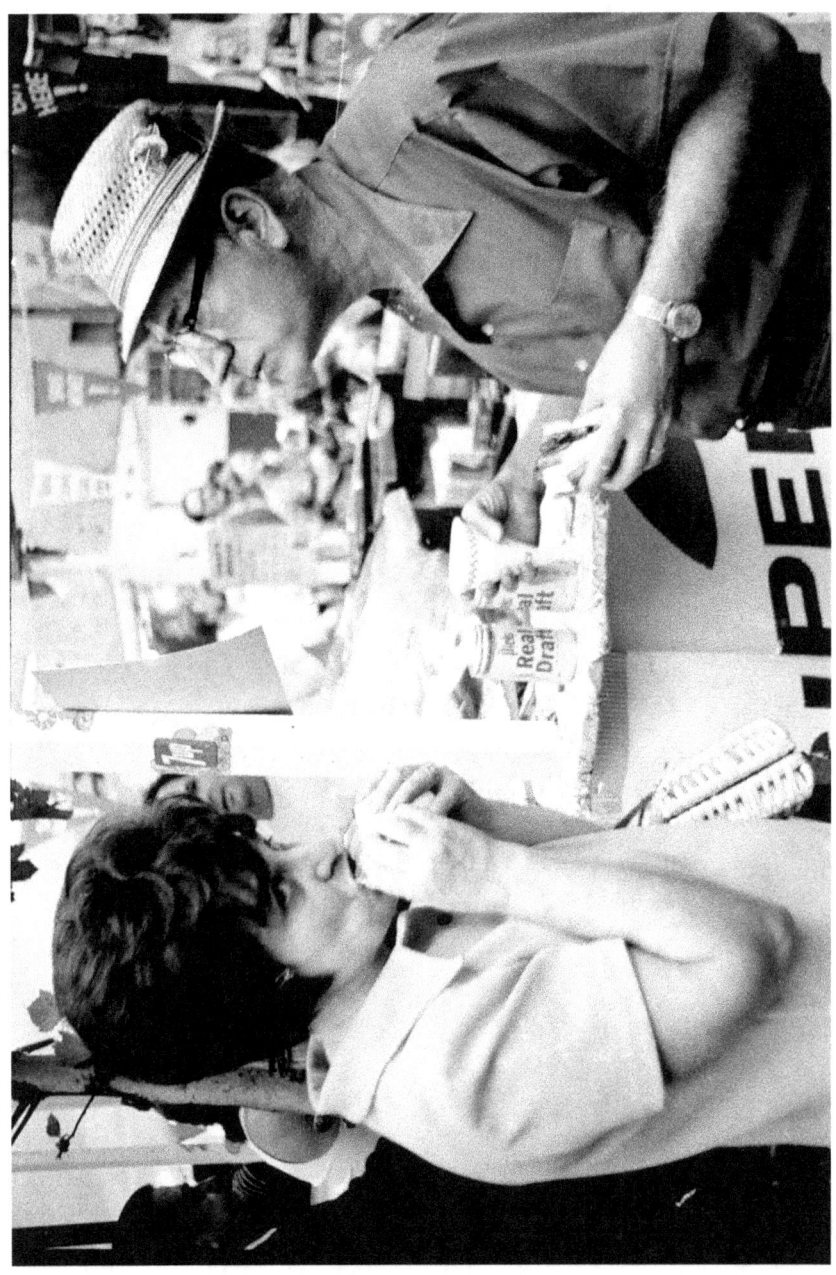

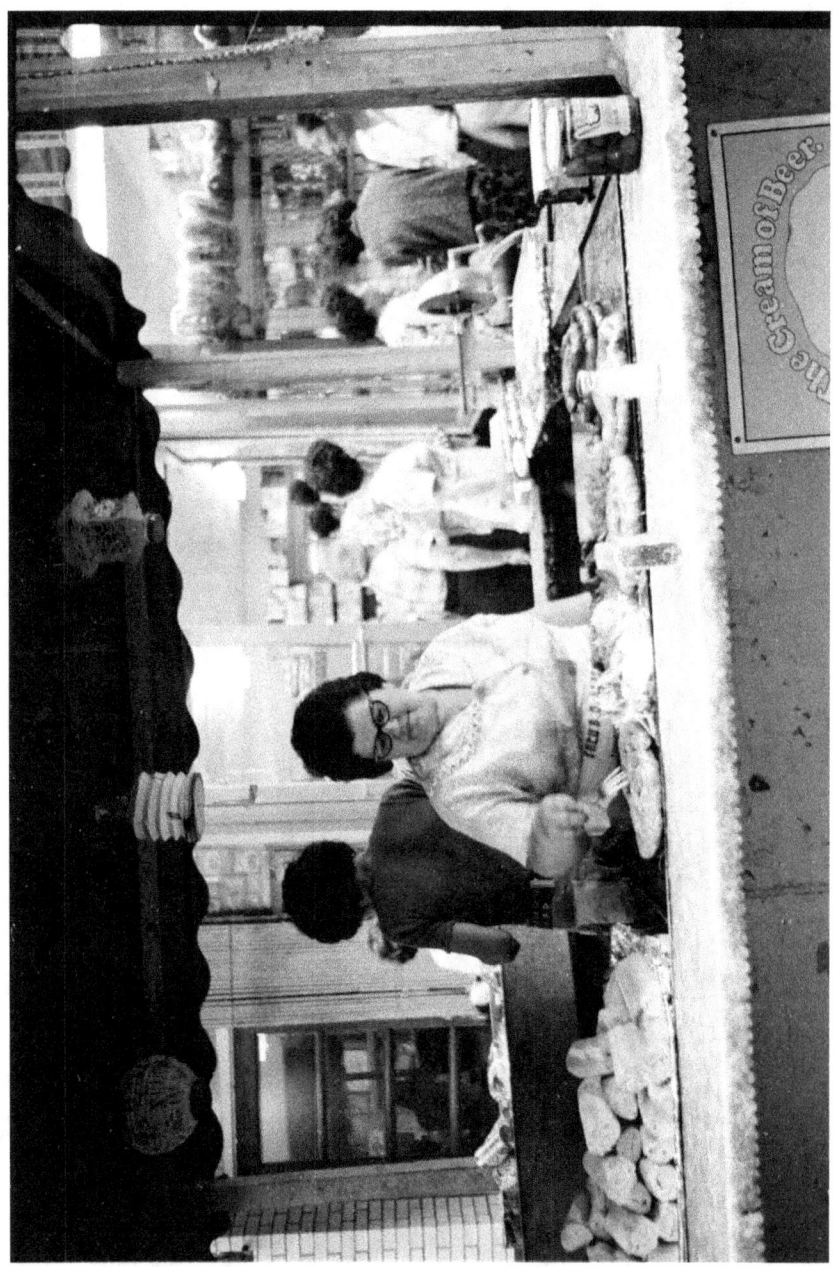

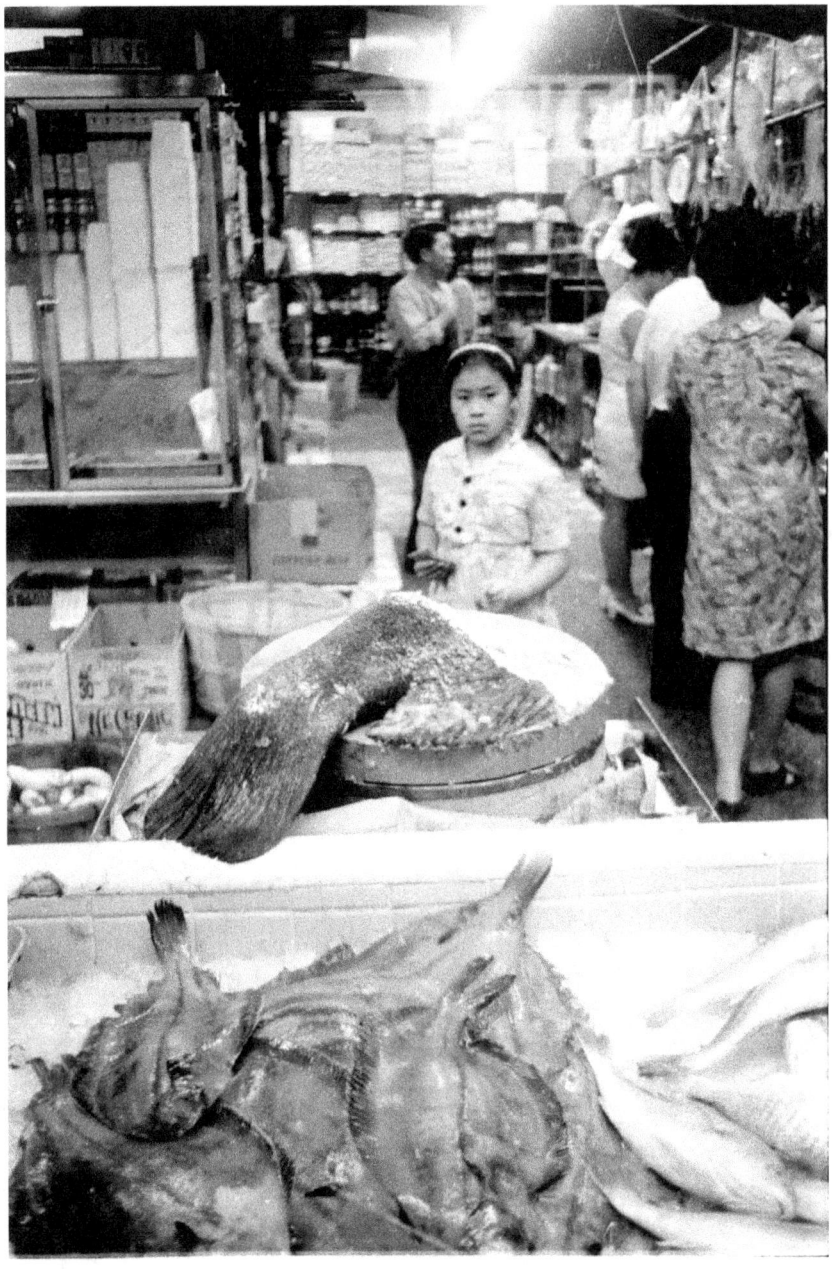

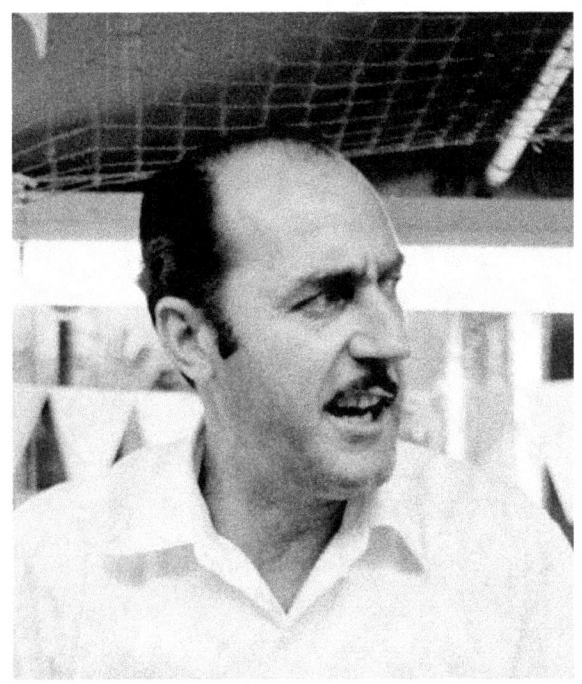

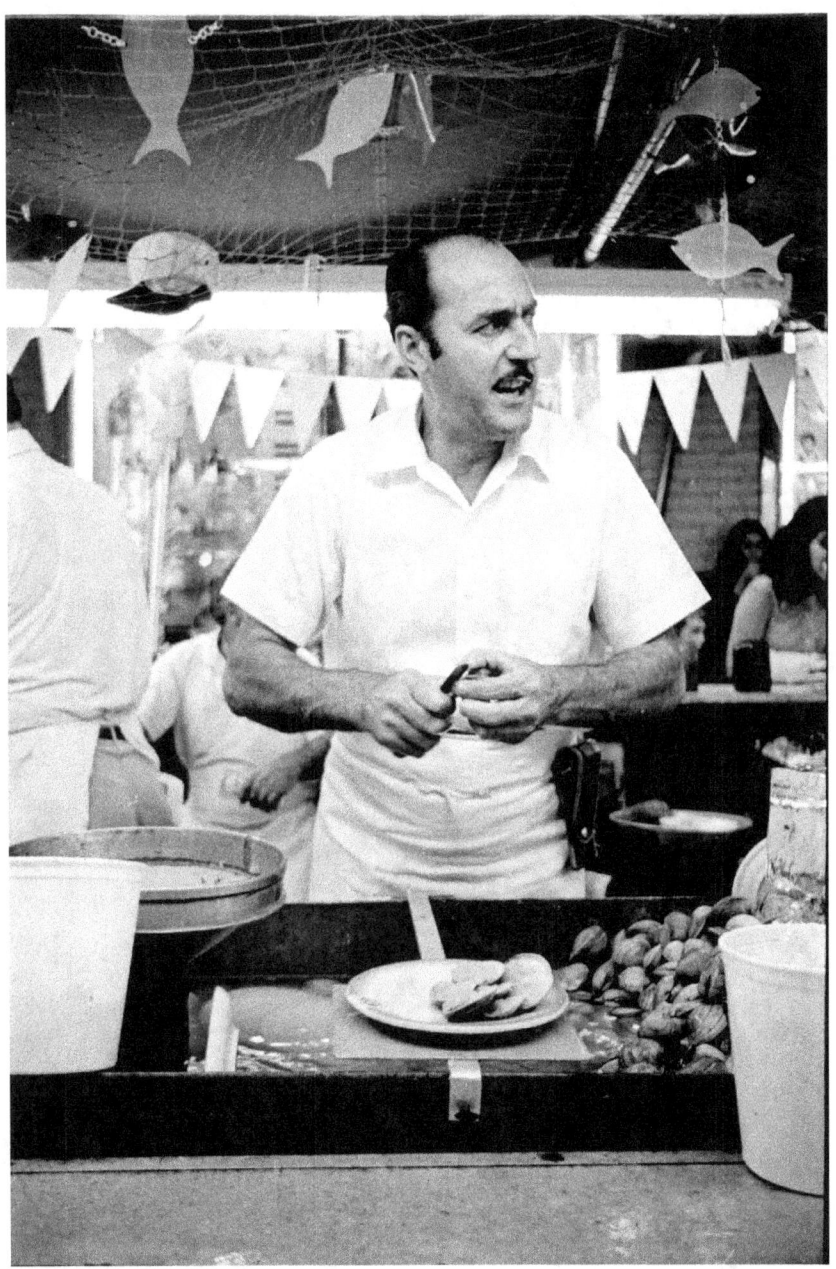

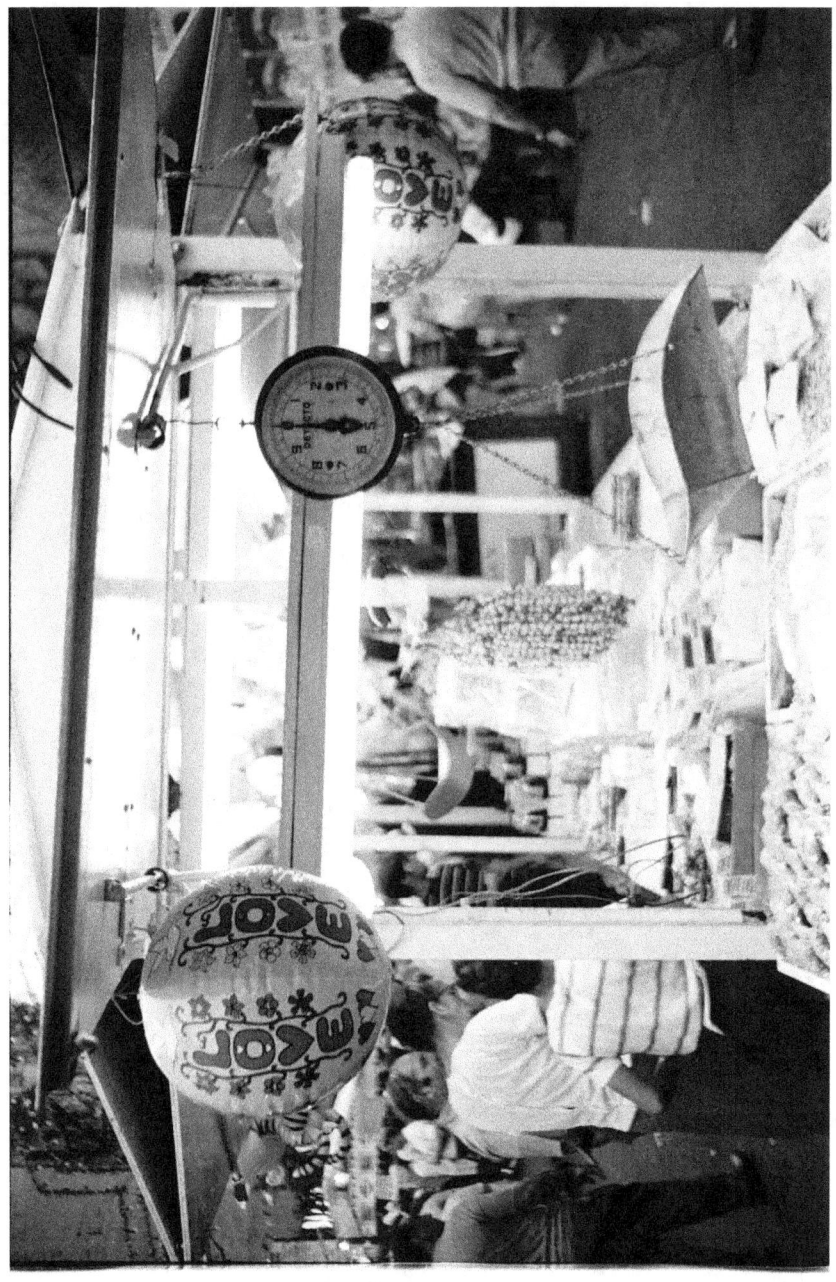

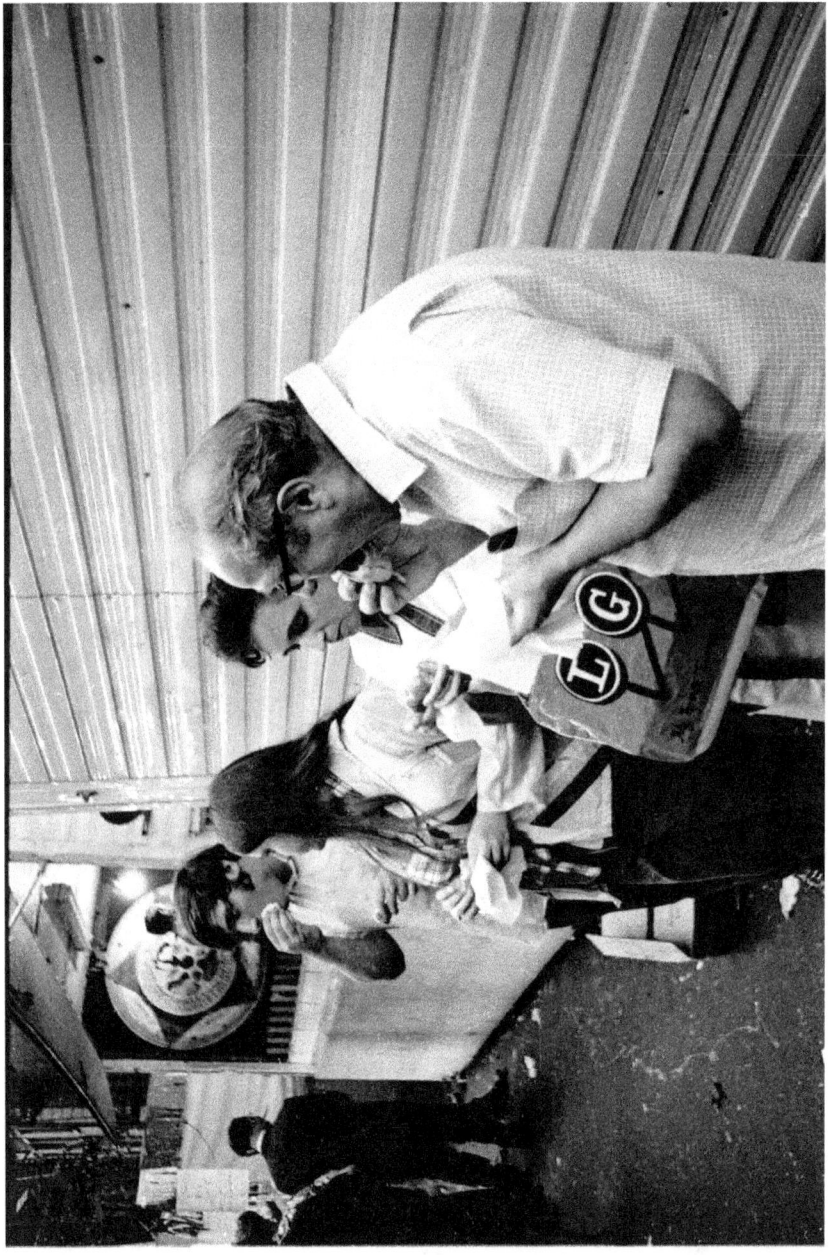

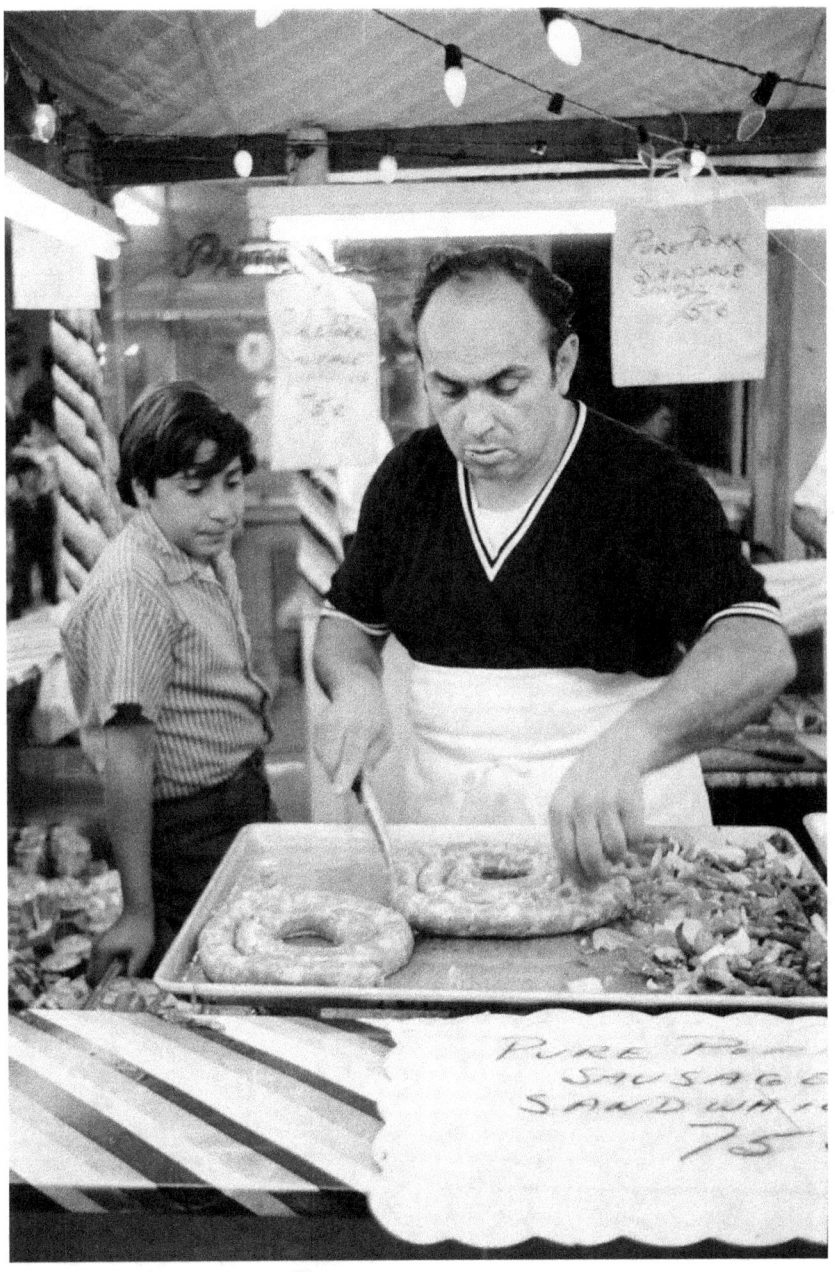

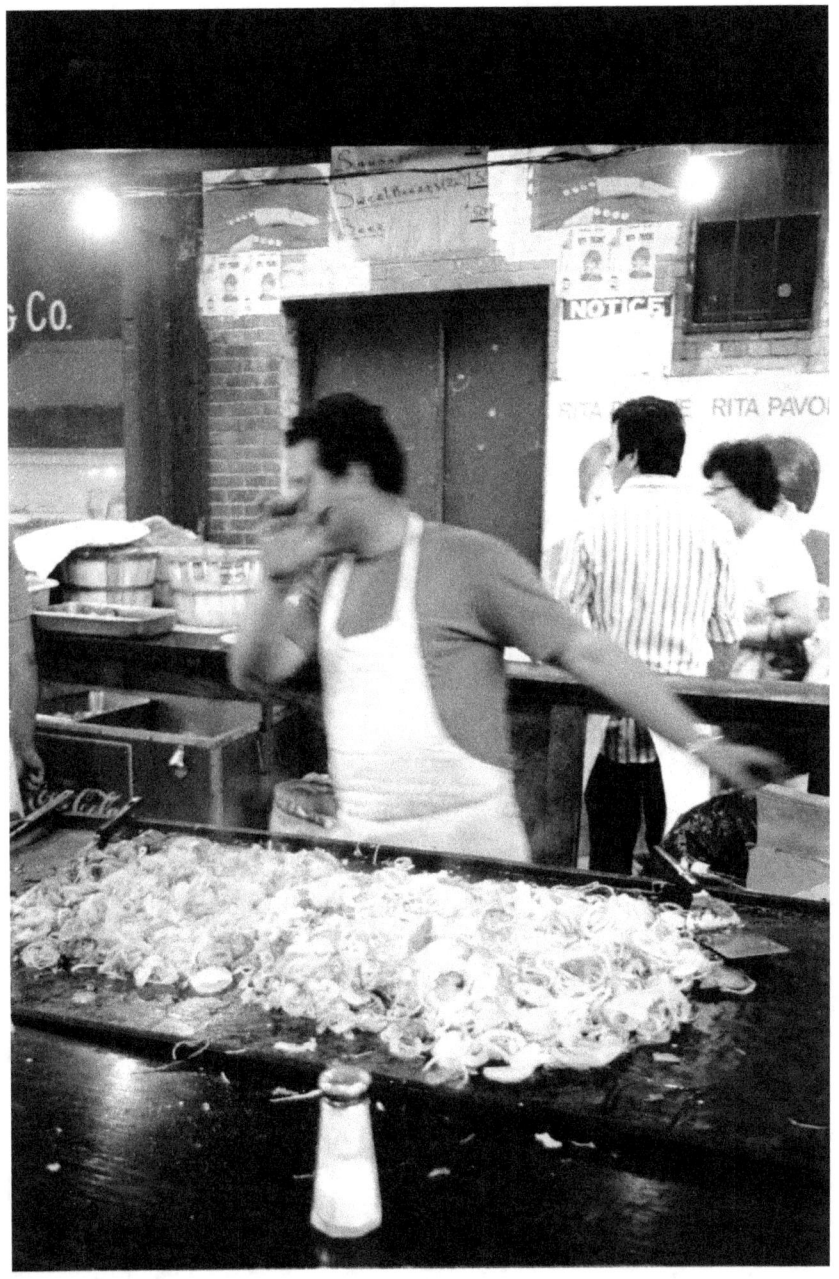

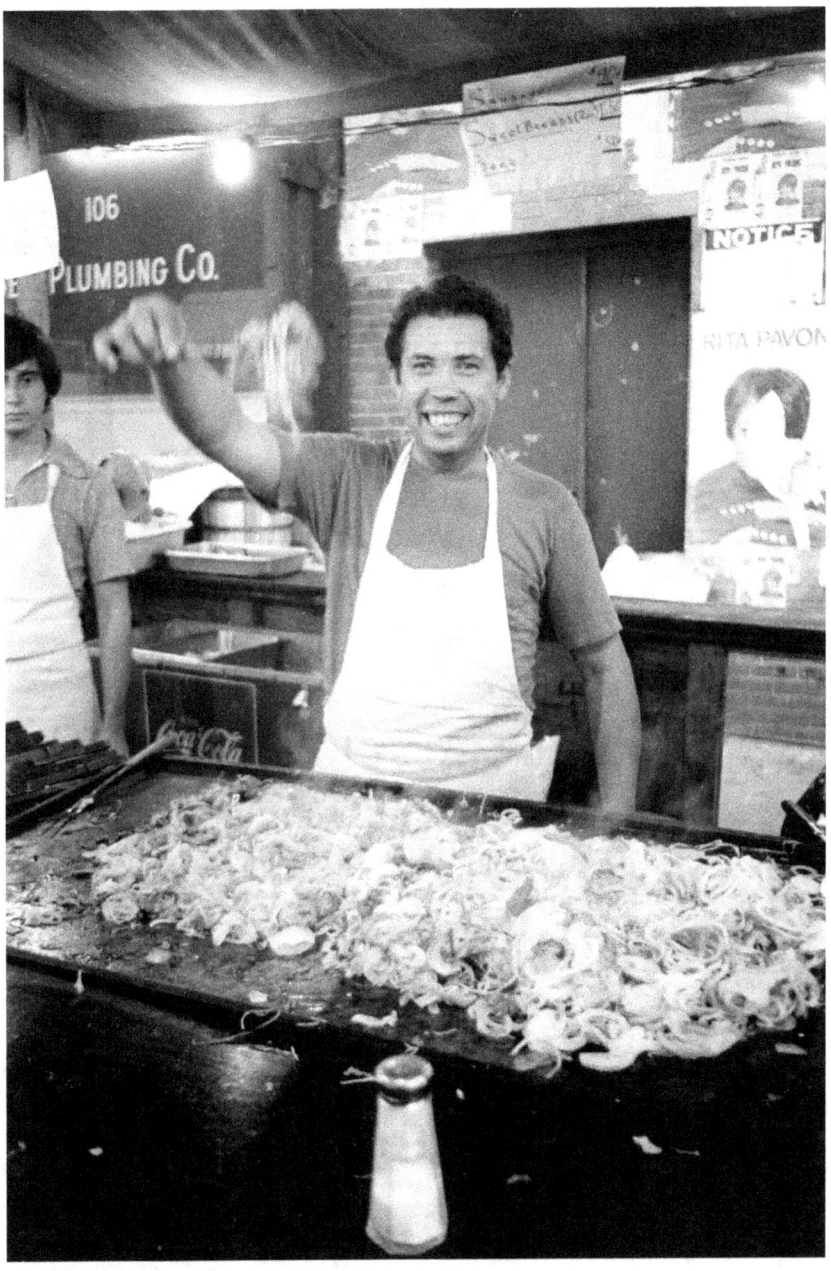

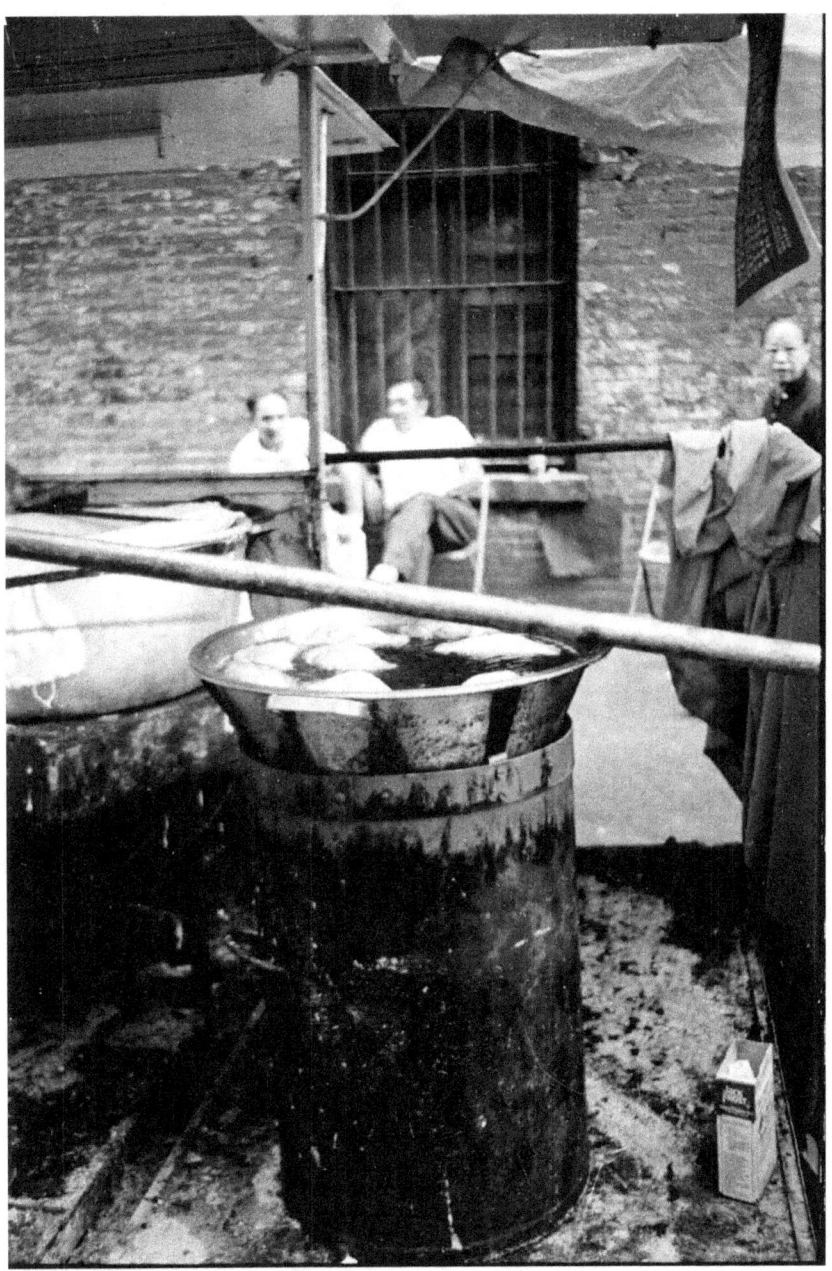

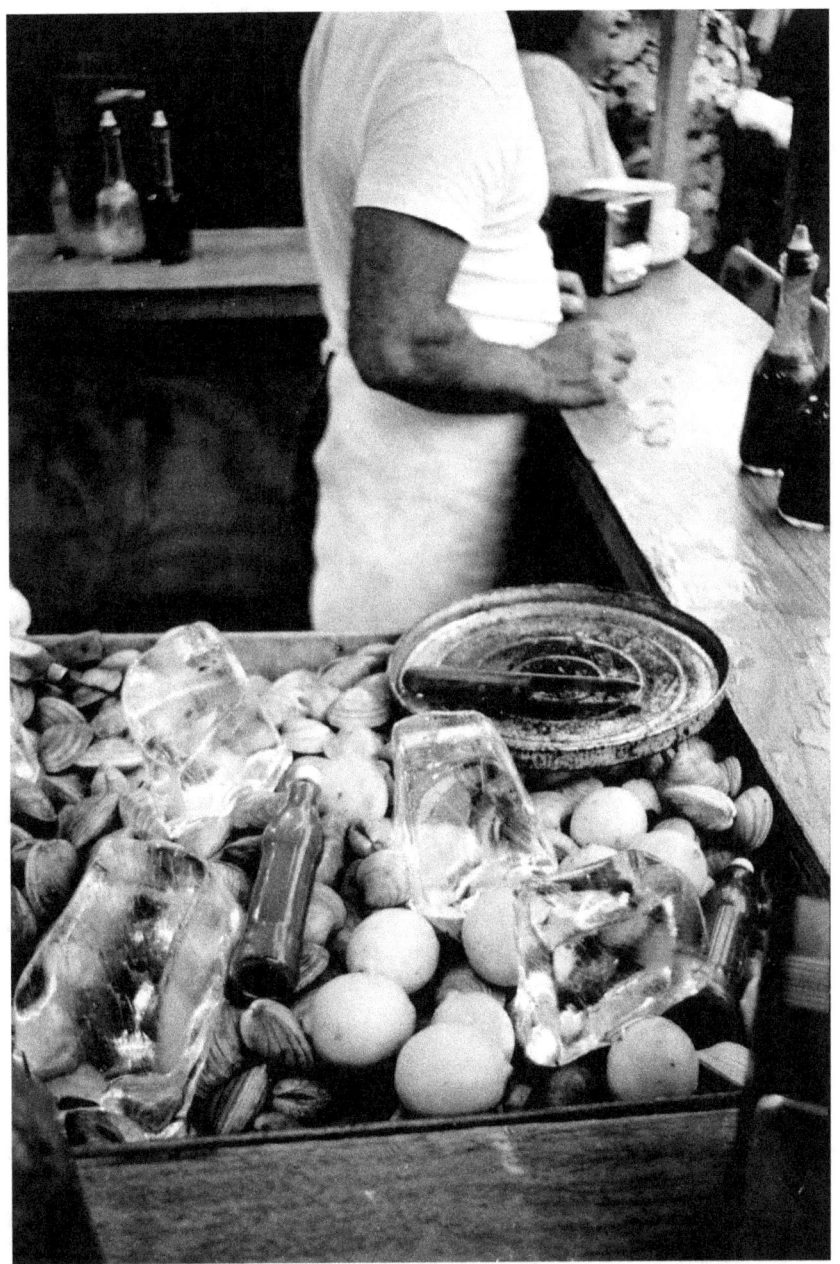

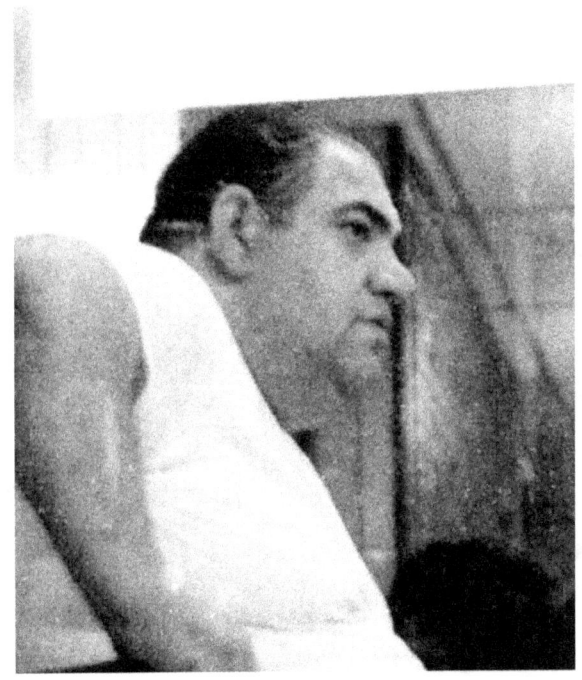

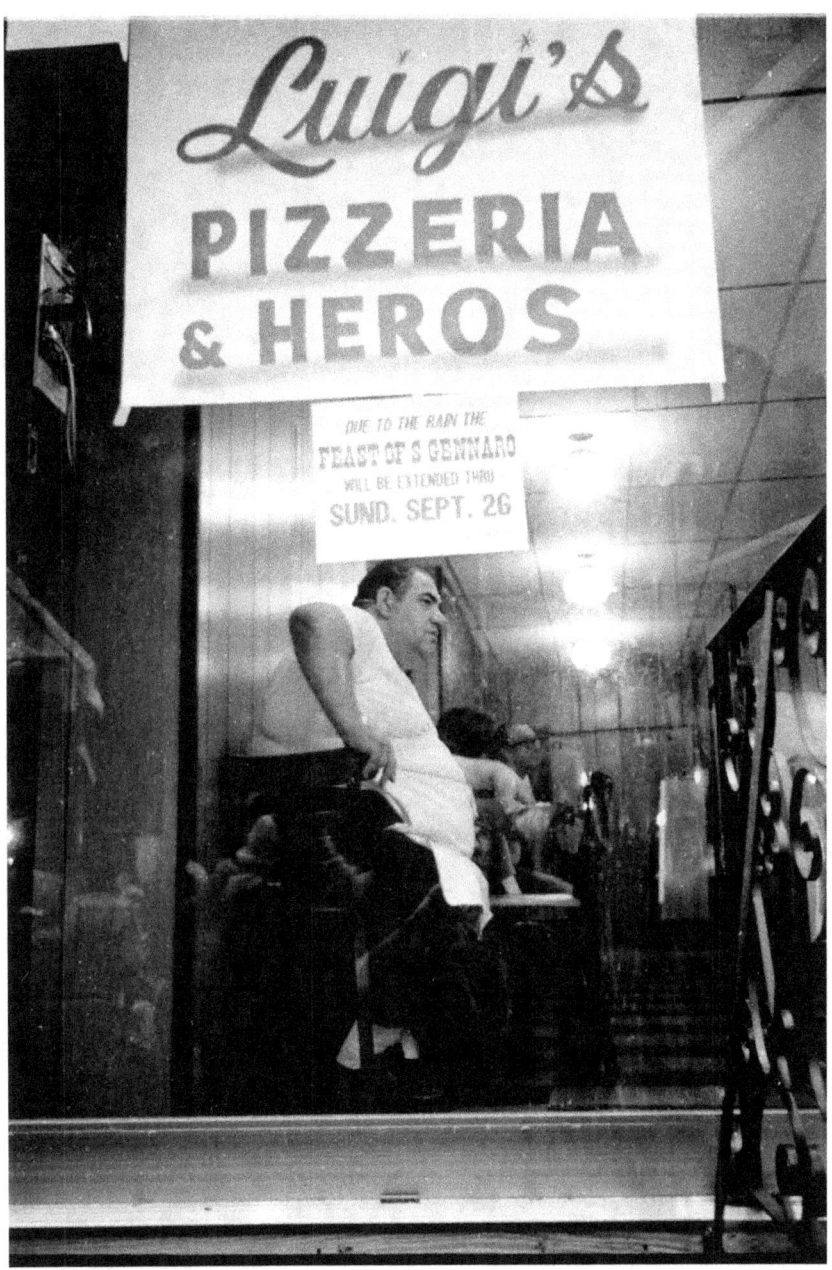

1971, Le attività

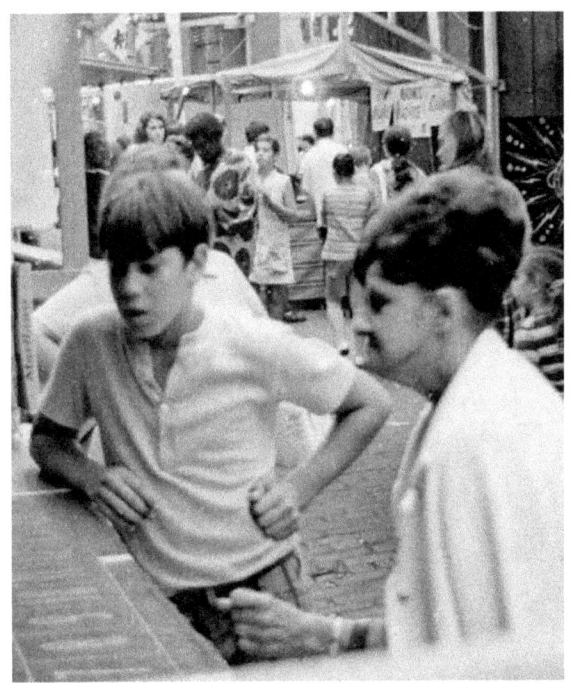

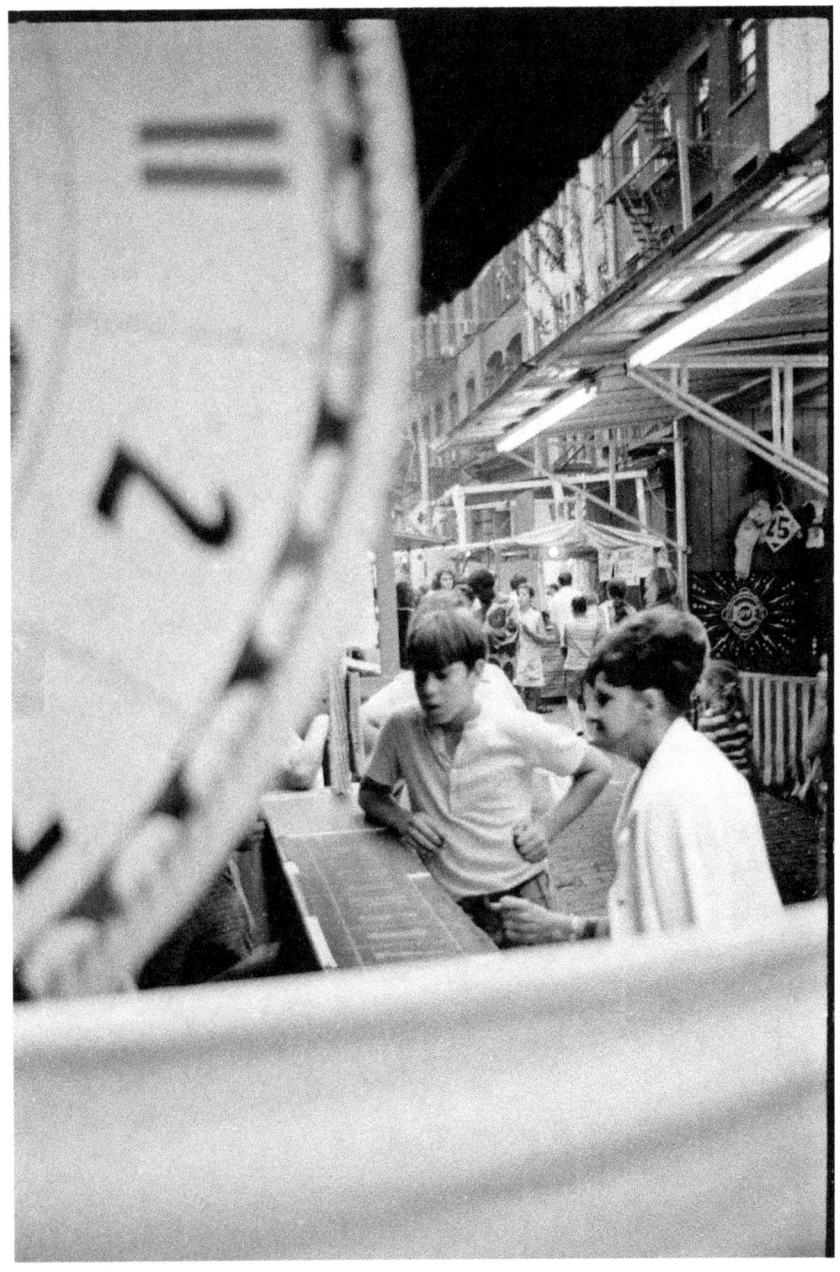

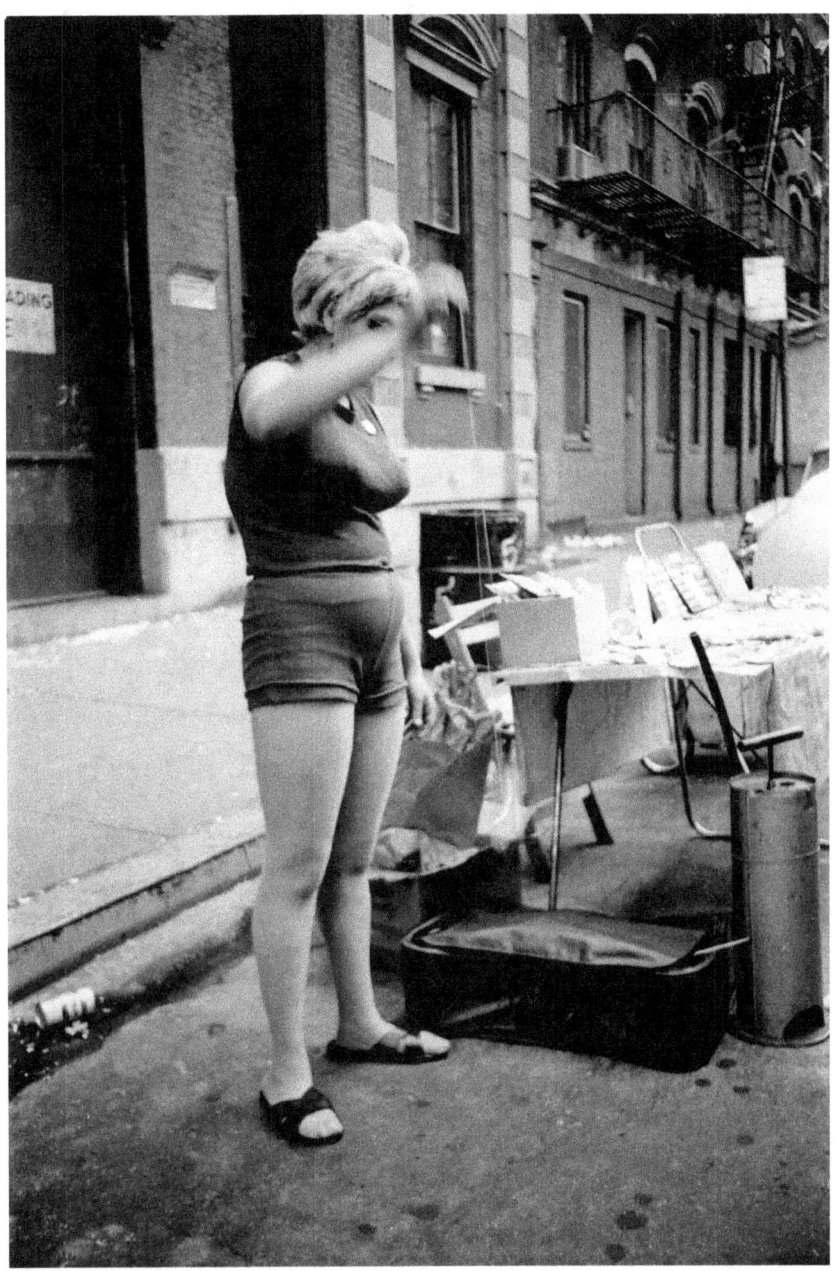

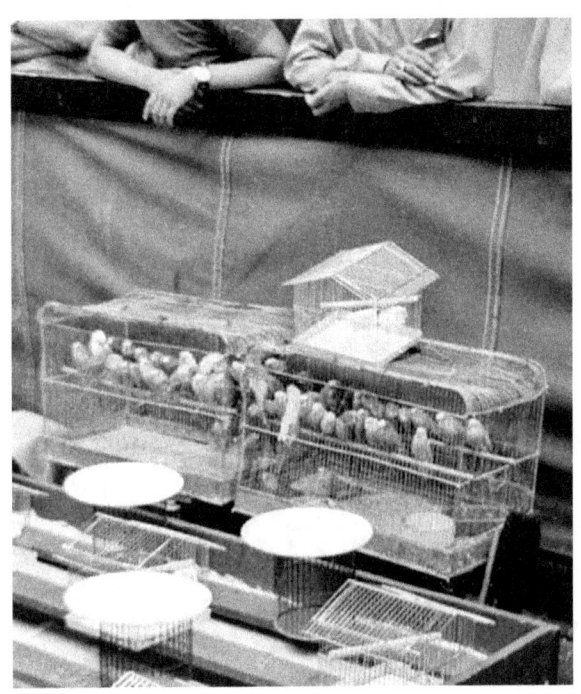

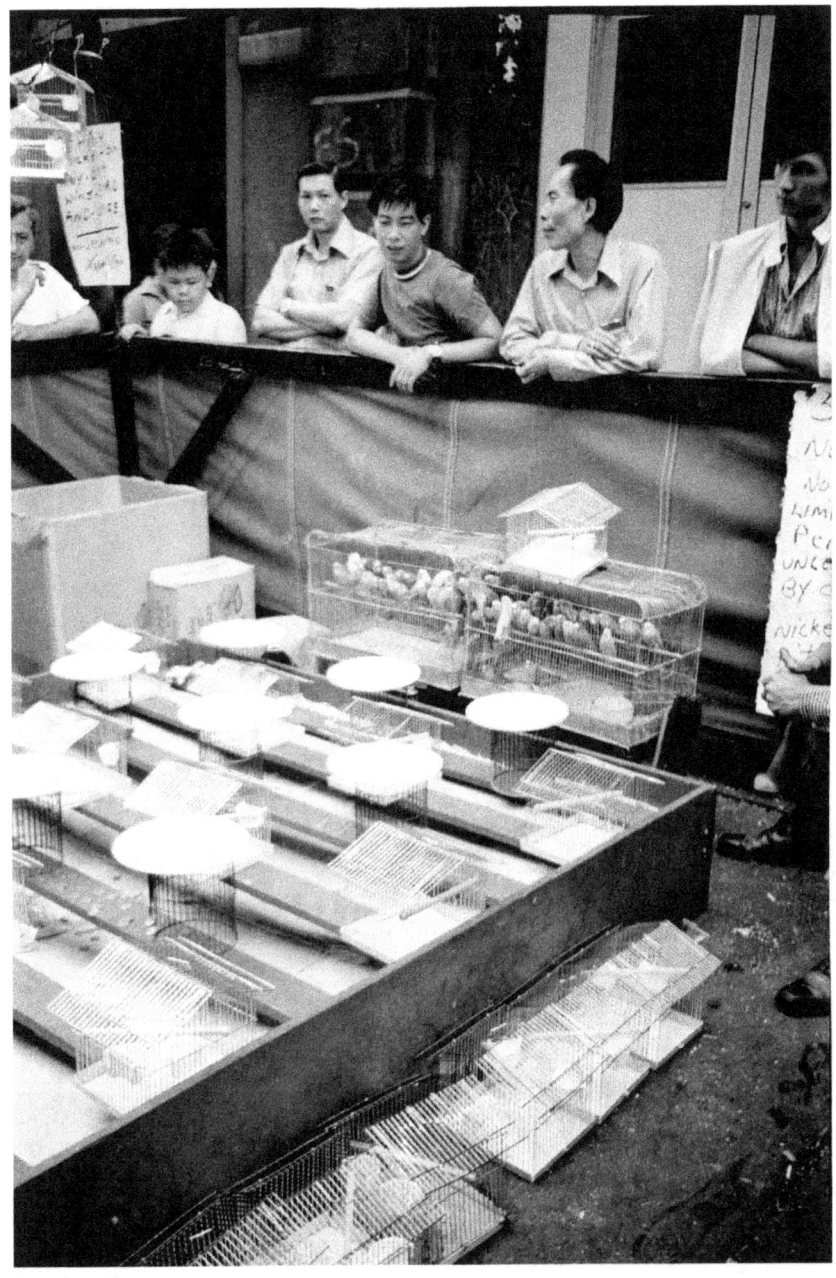

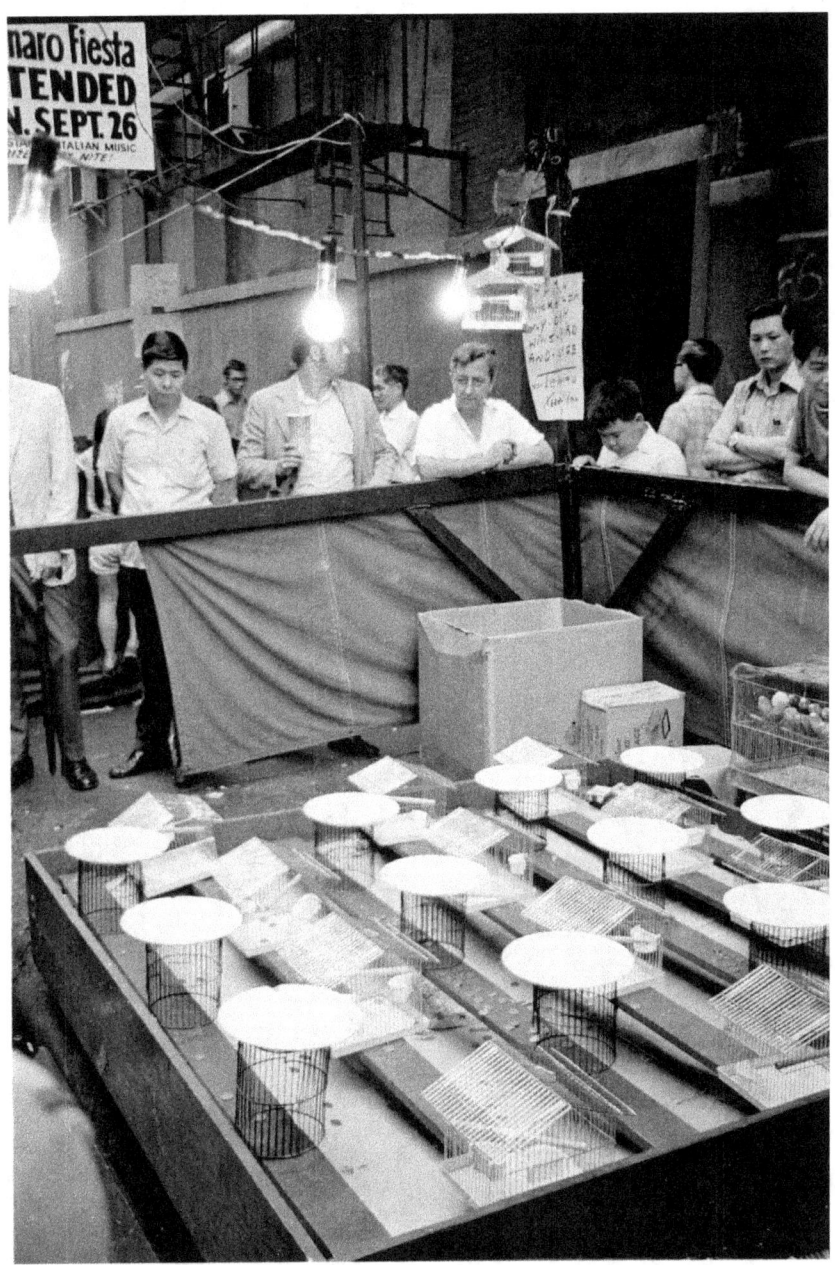

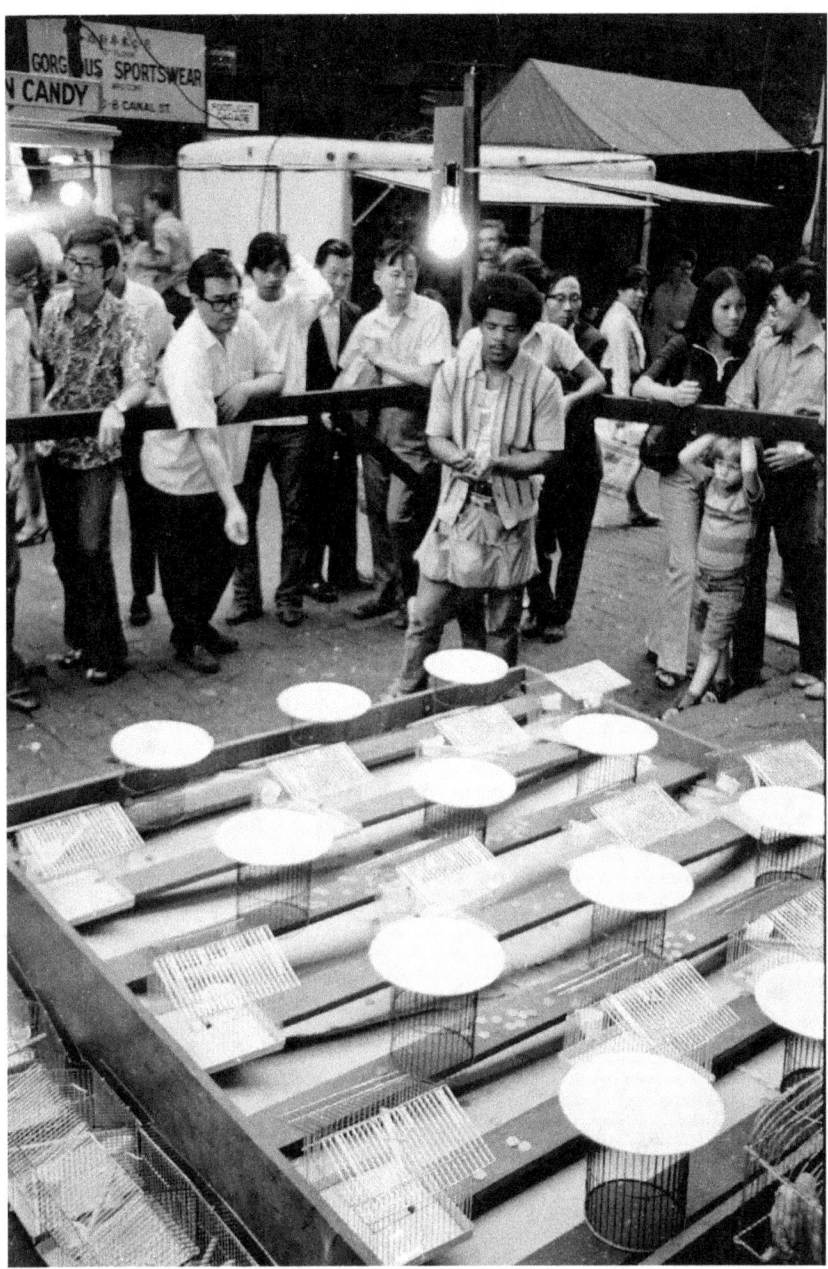

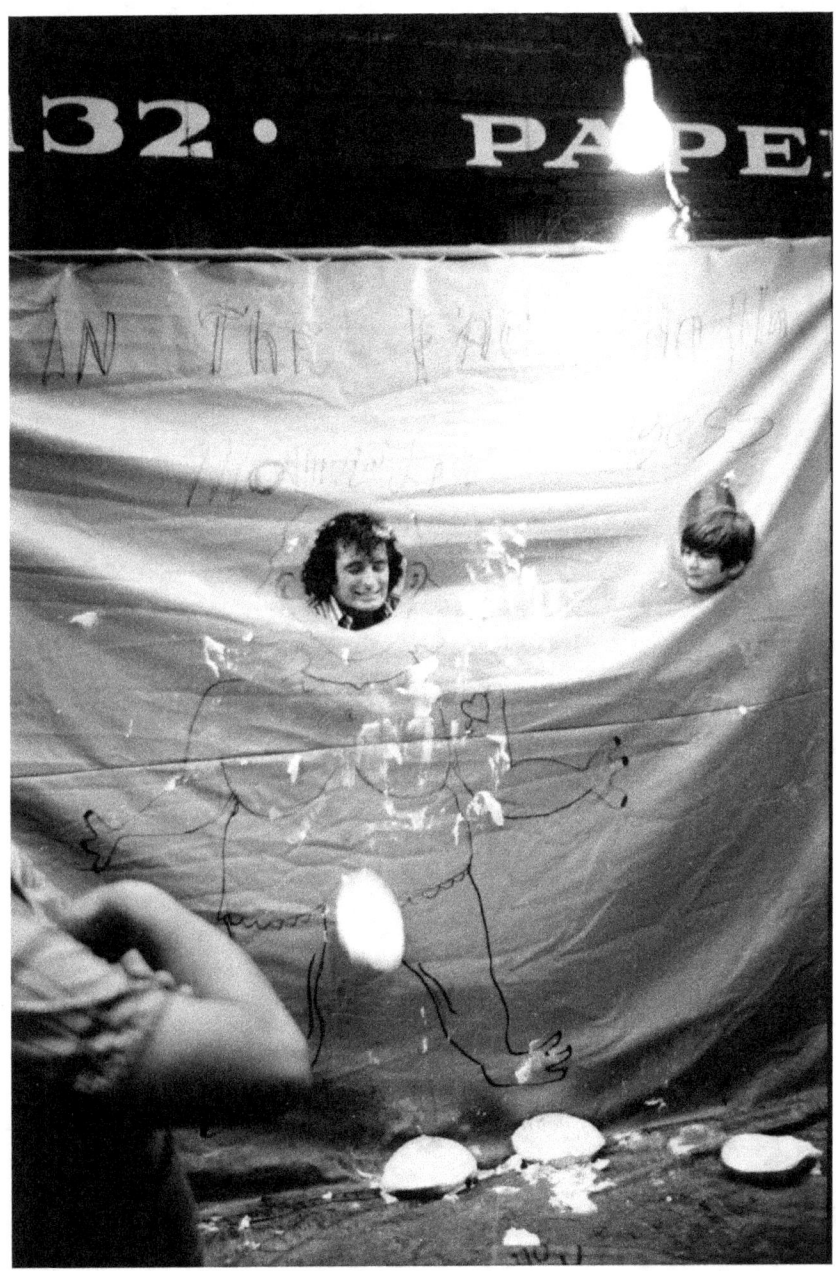

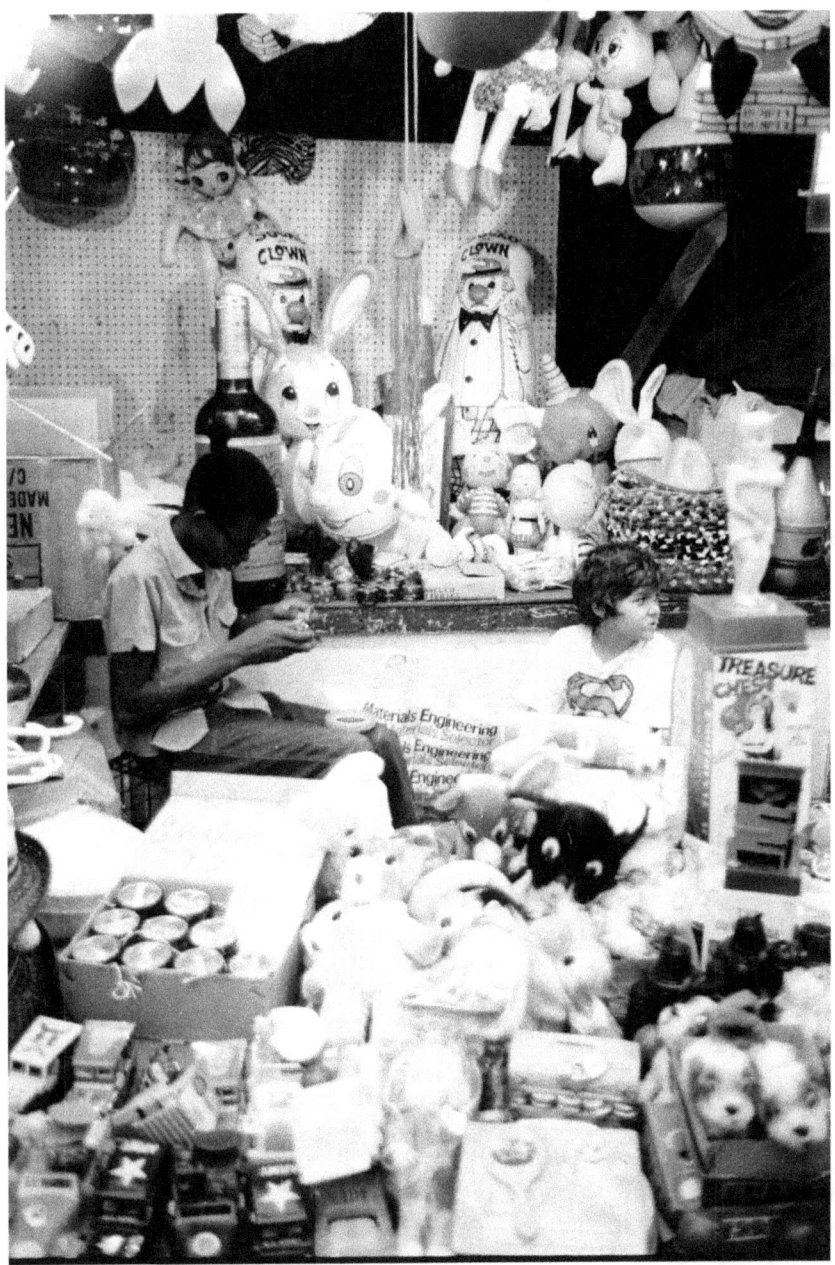

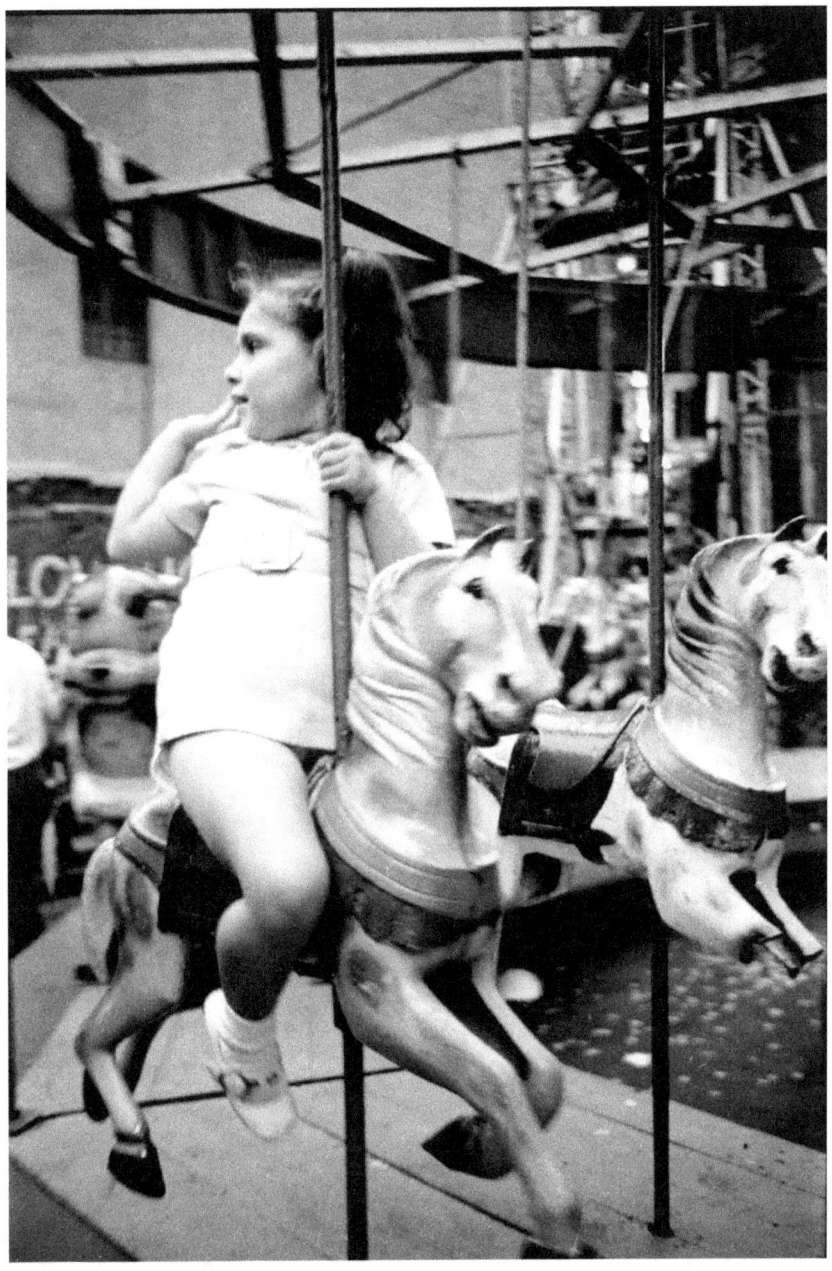

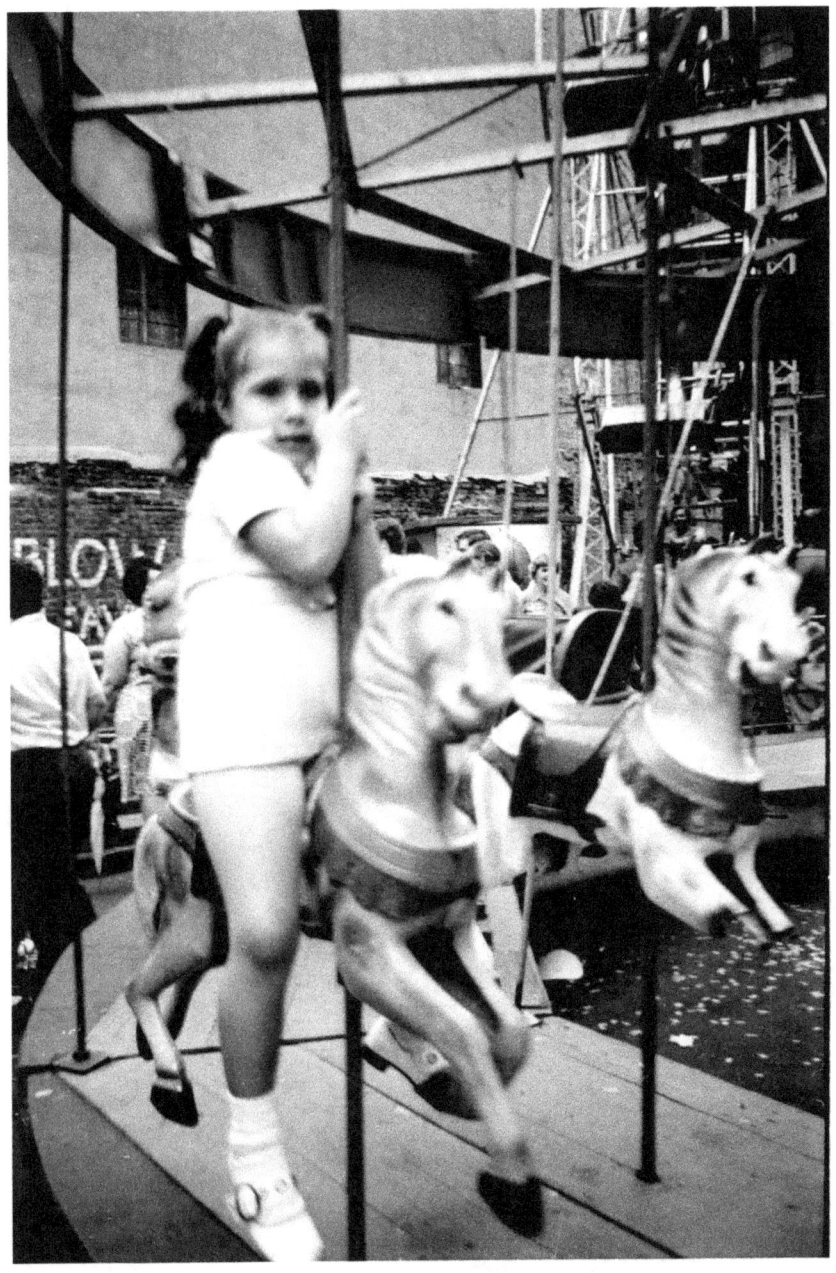

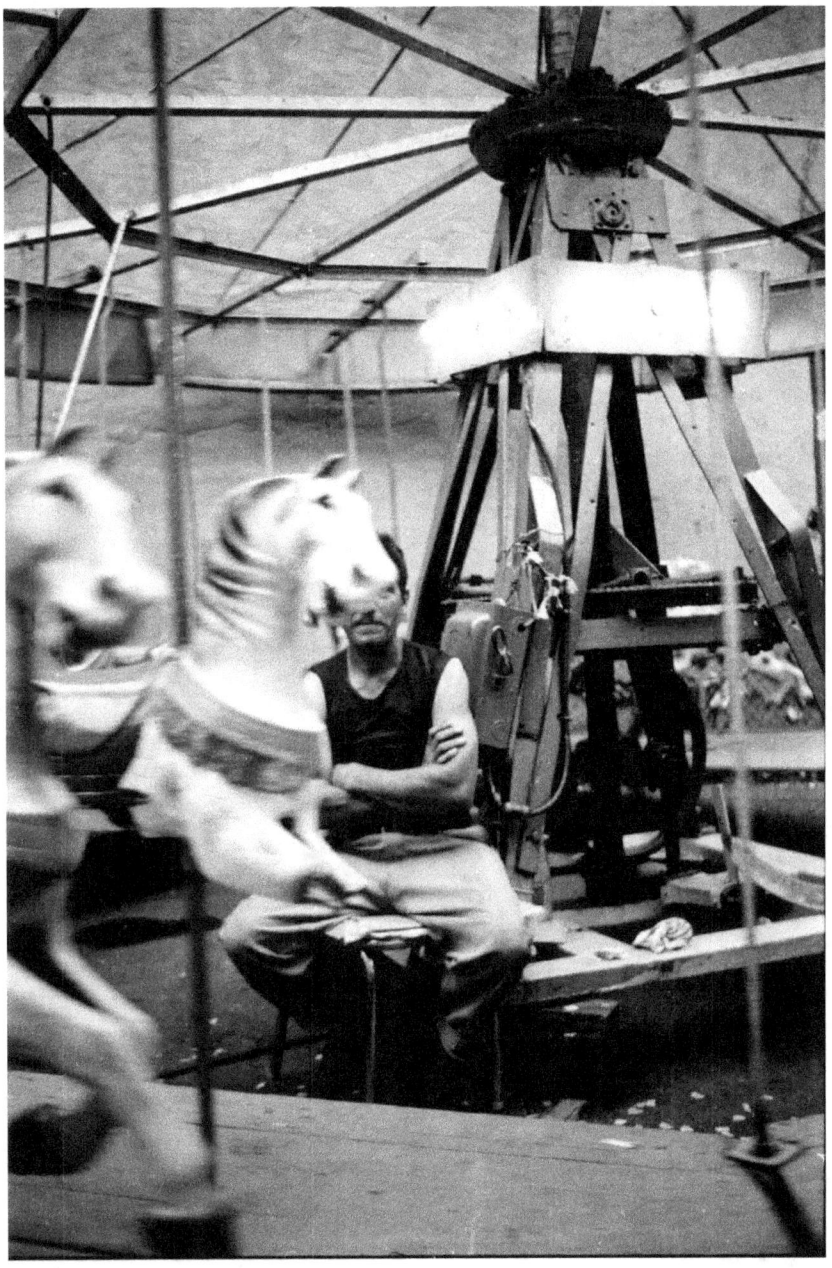

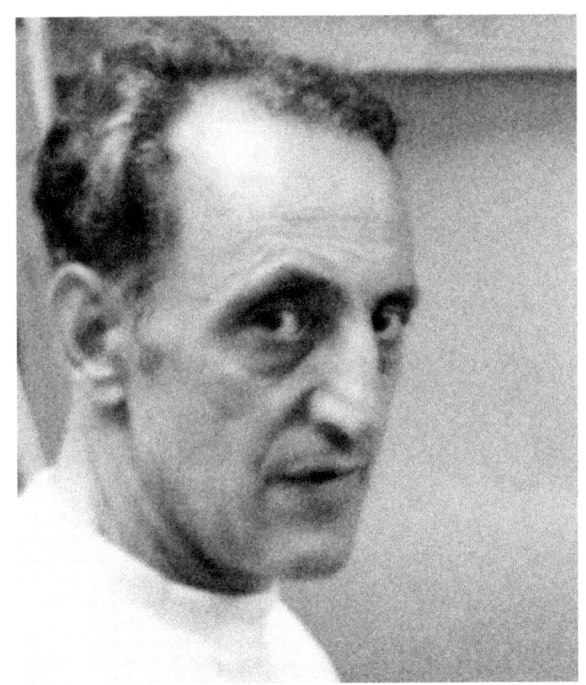

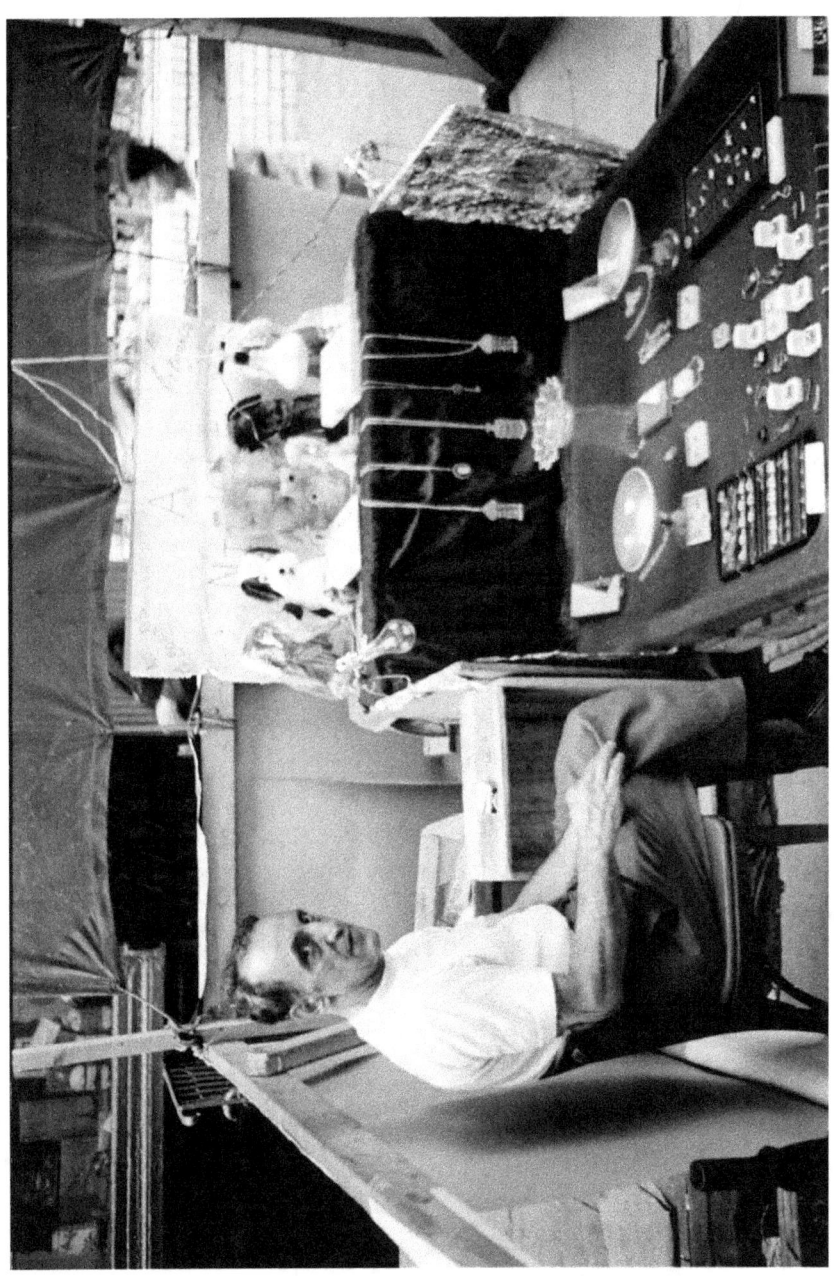

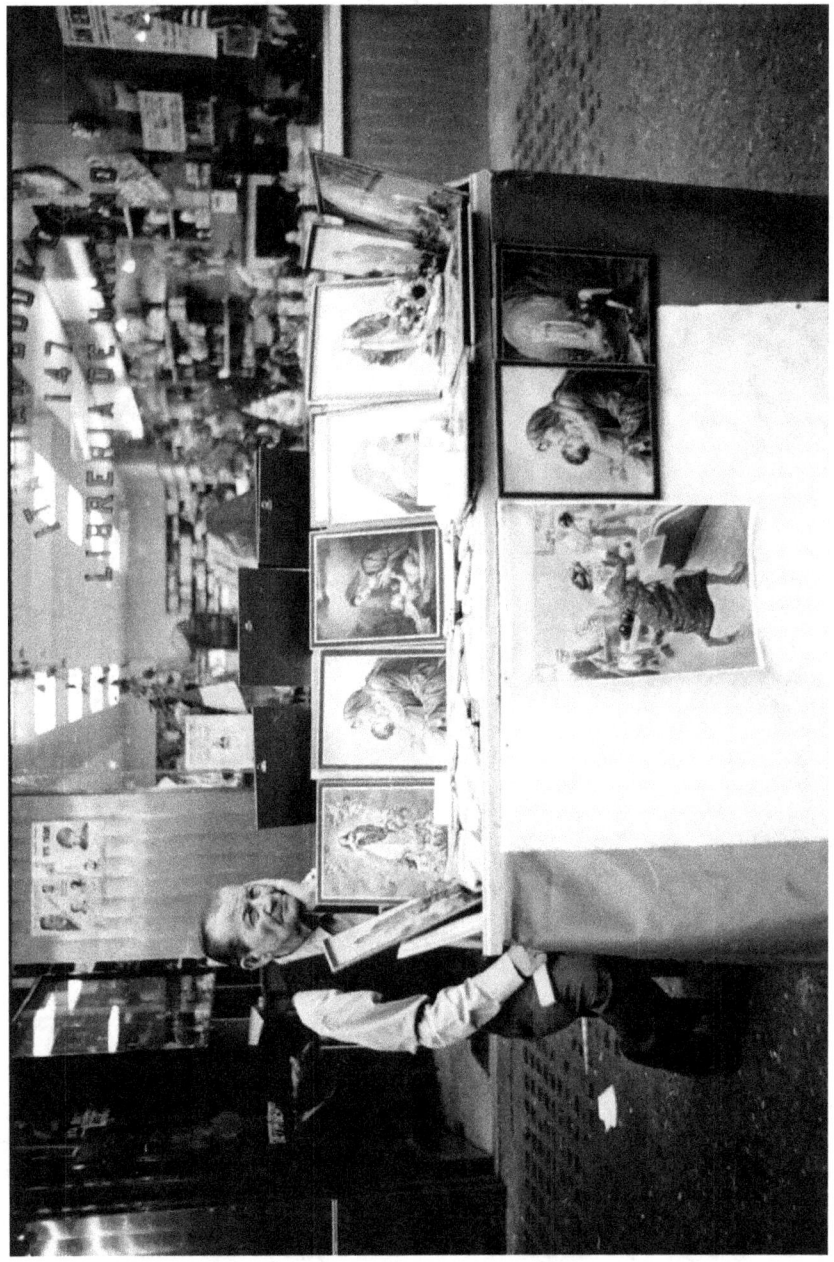

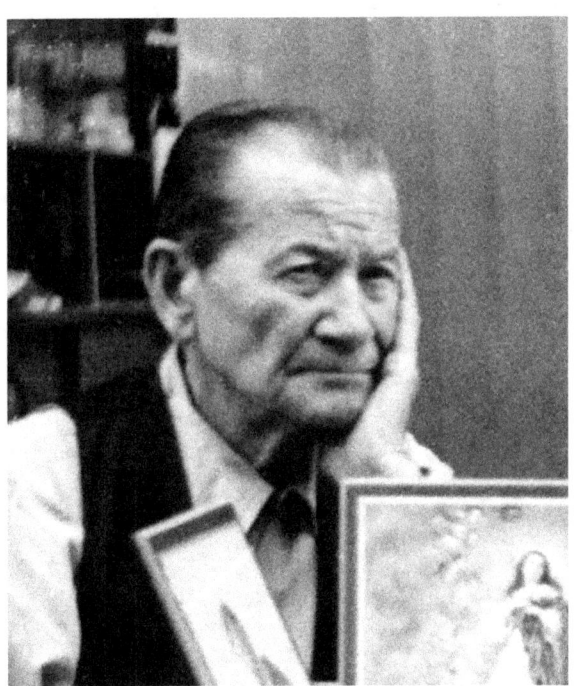

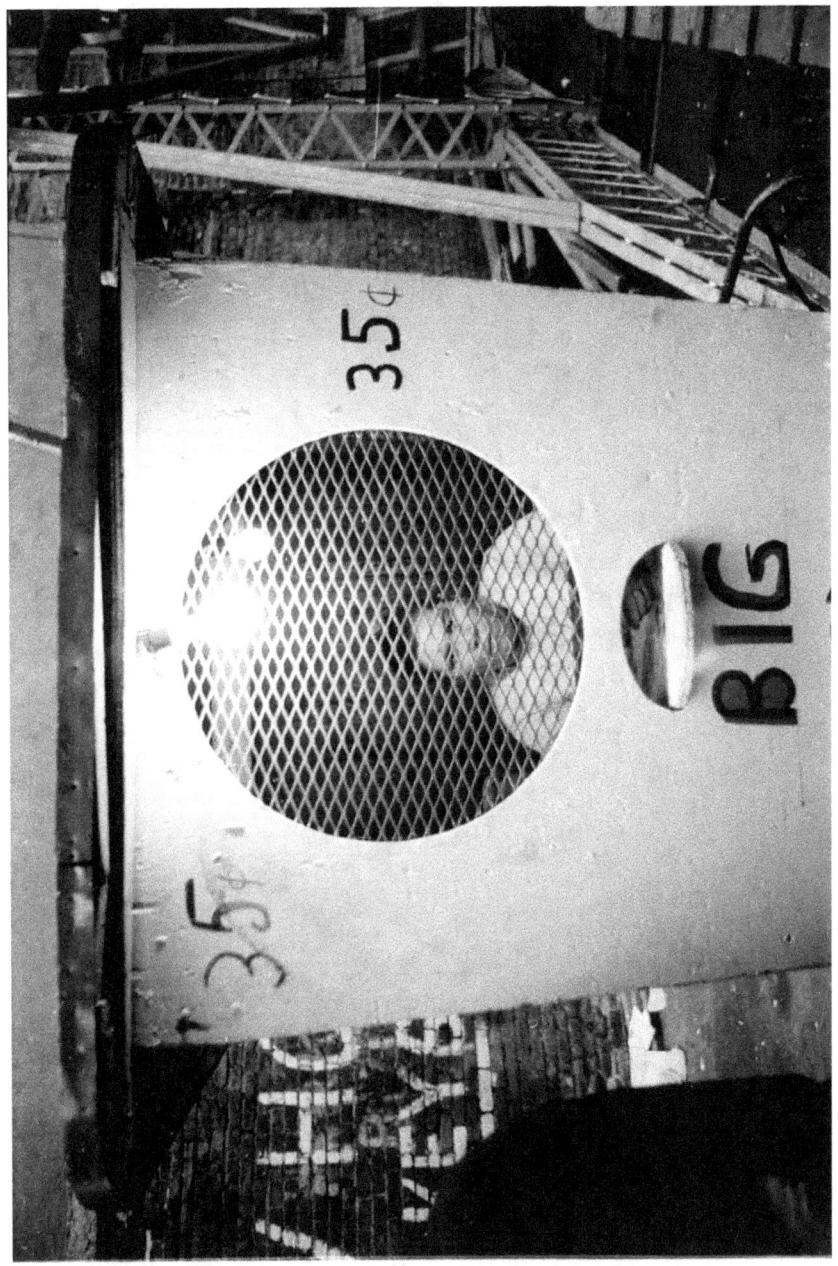

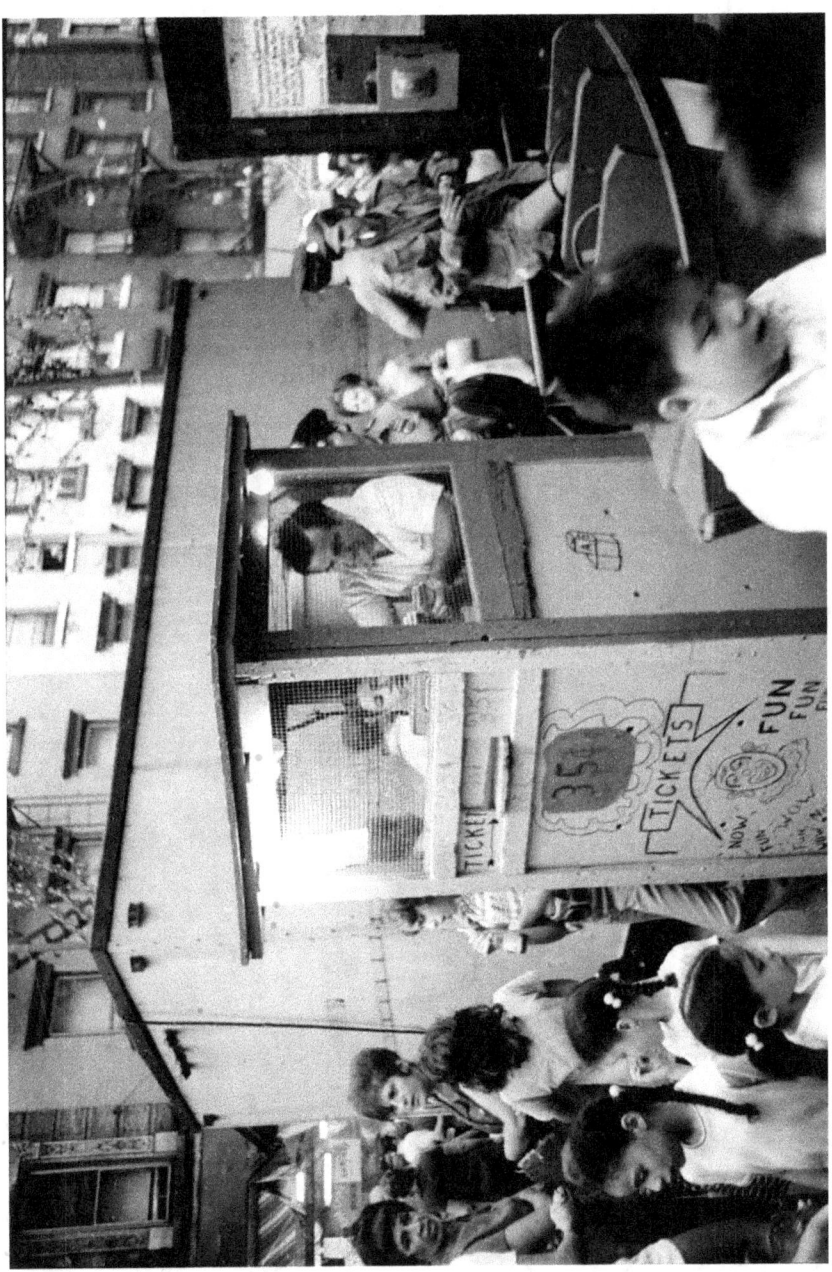

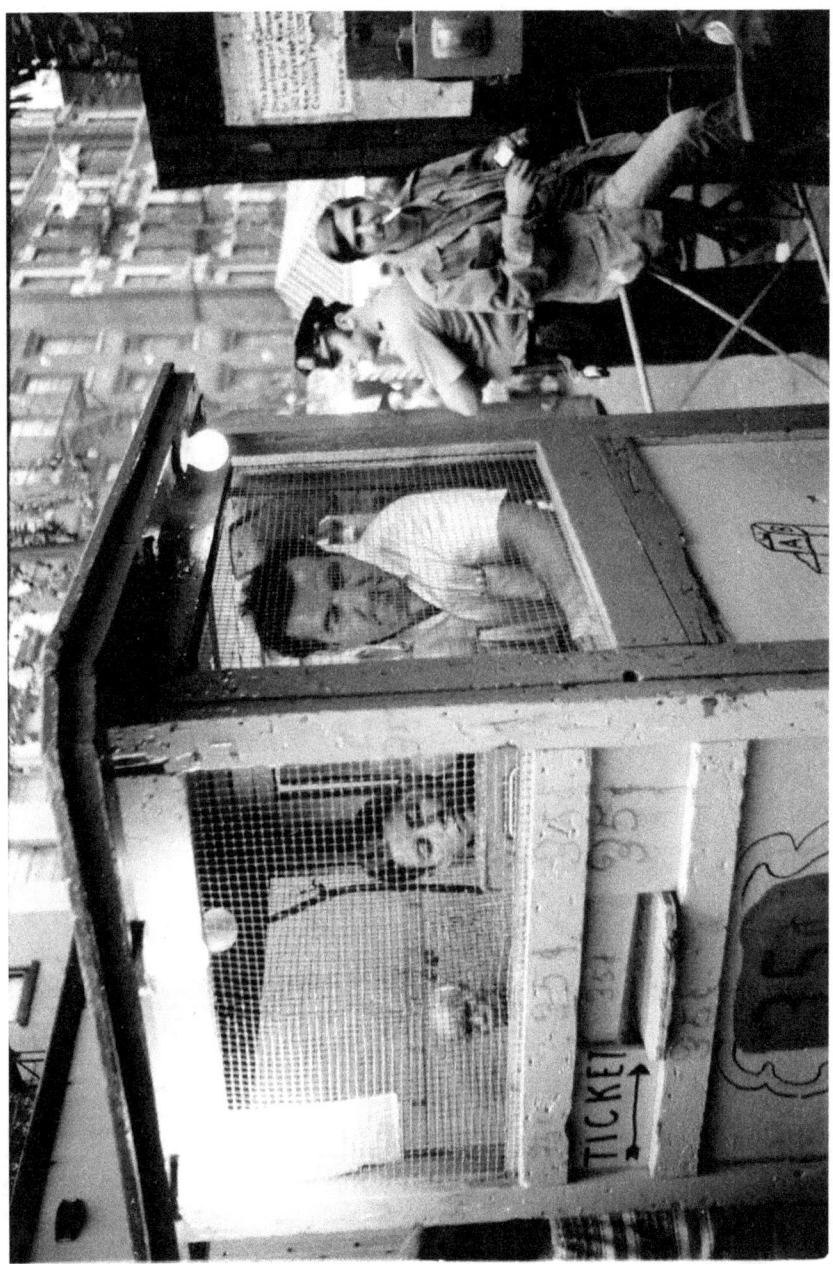

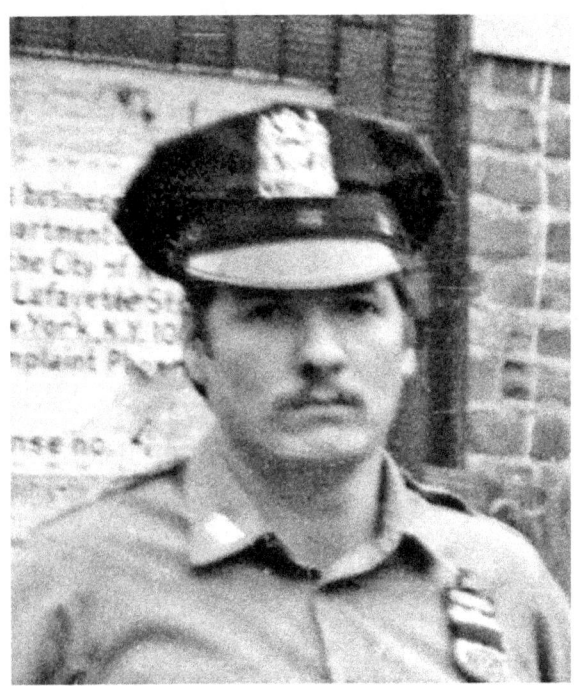

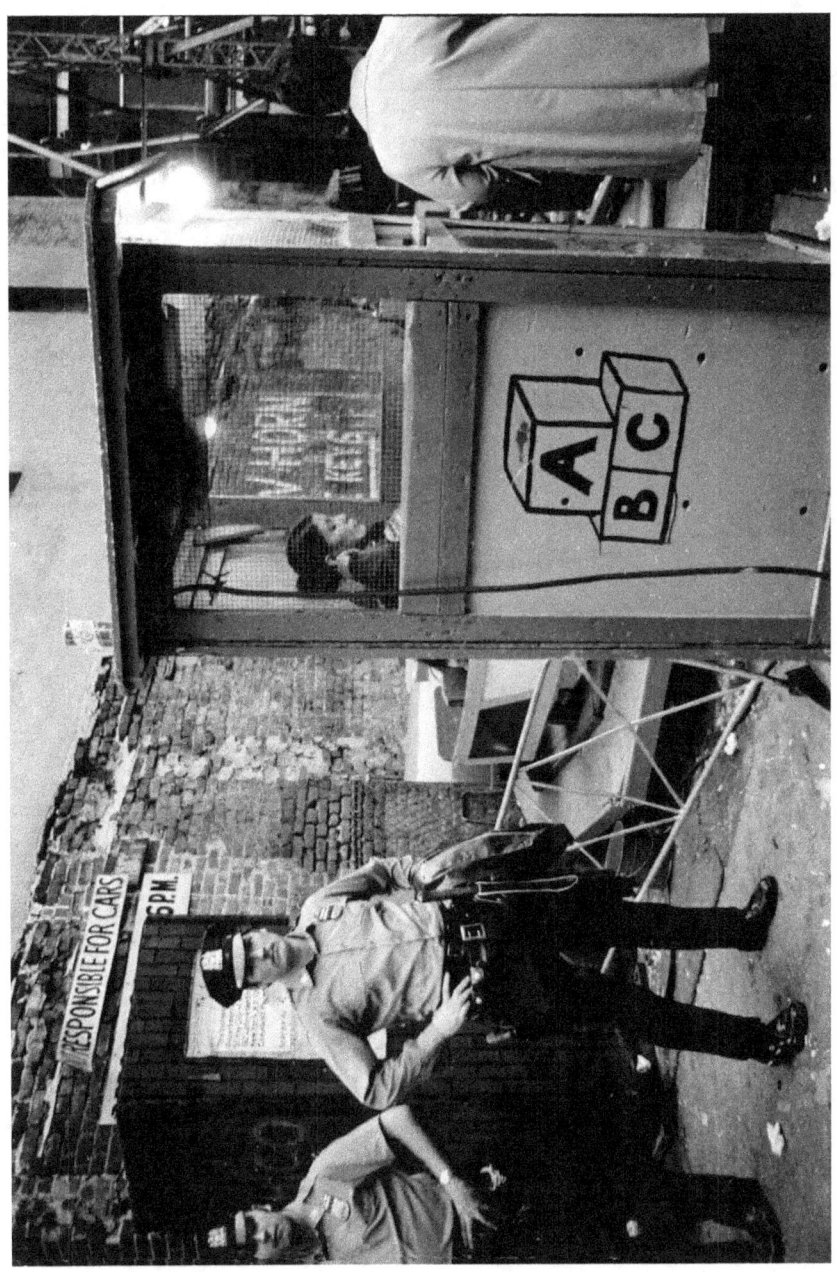

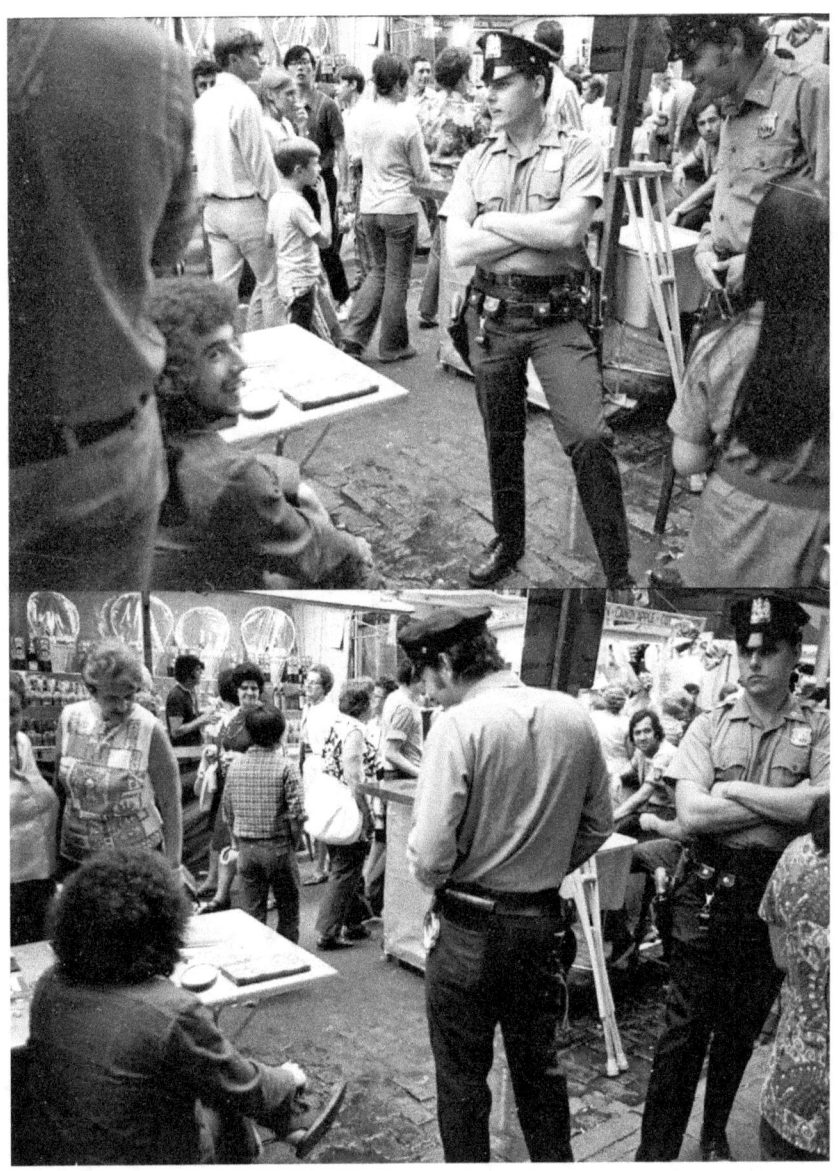

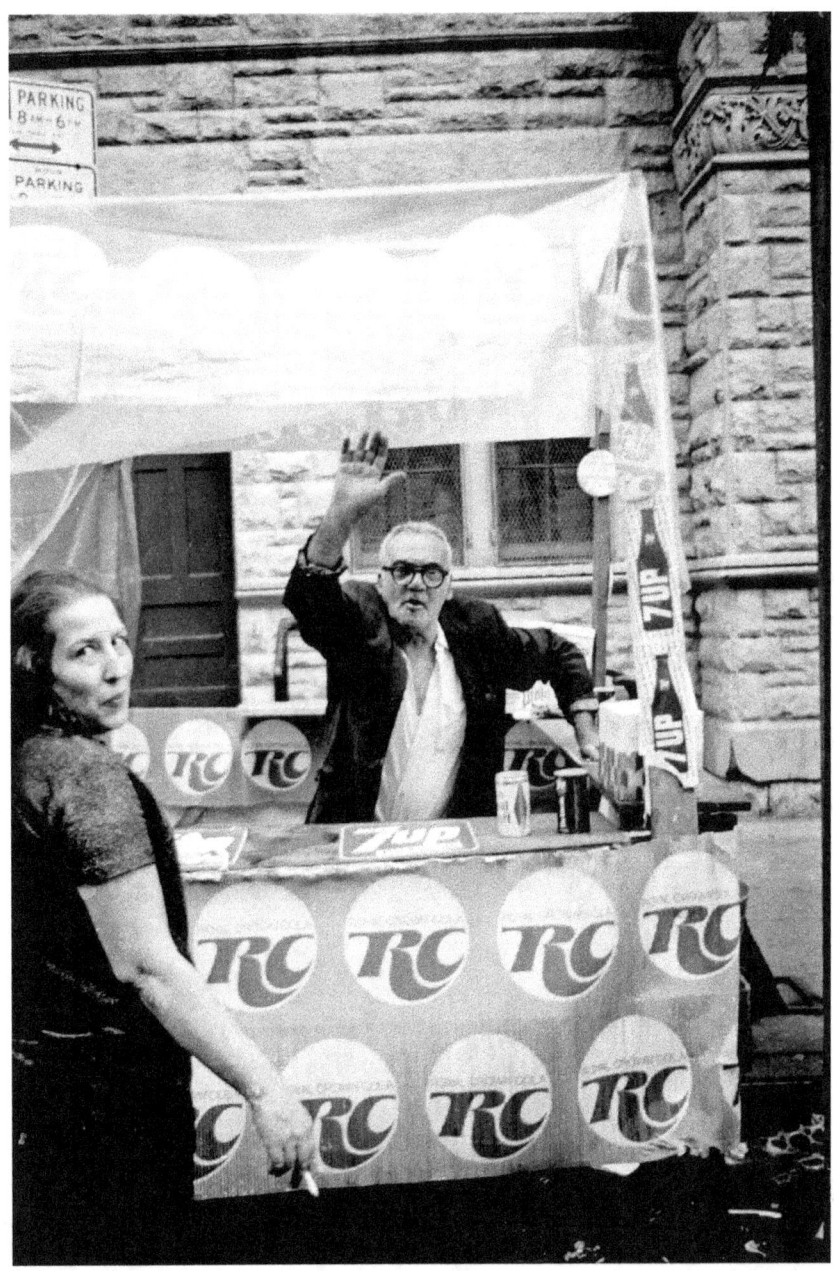

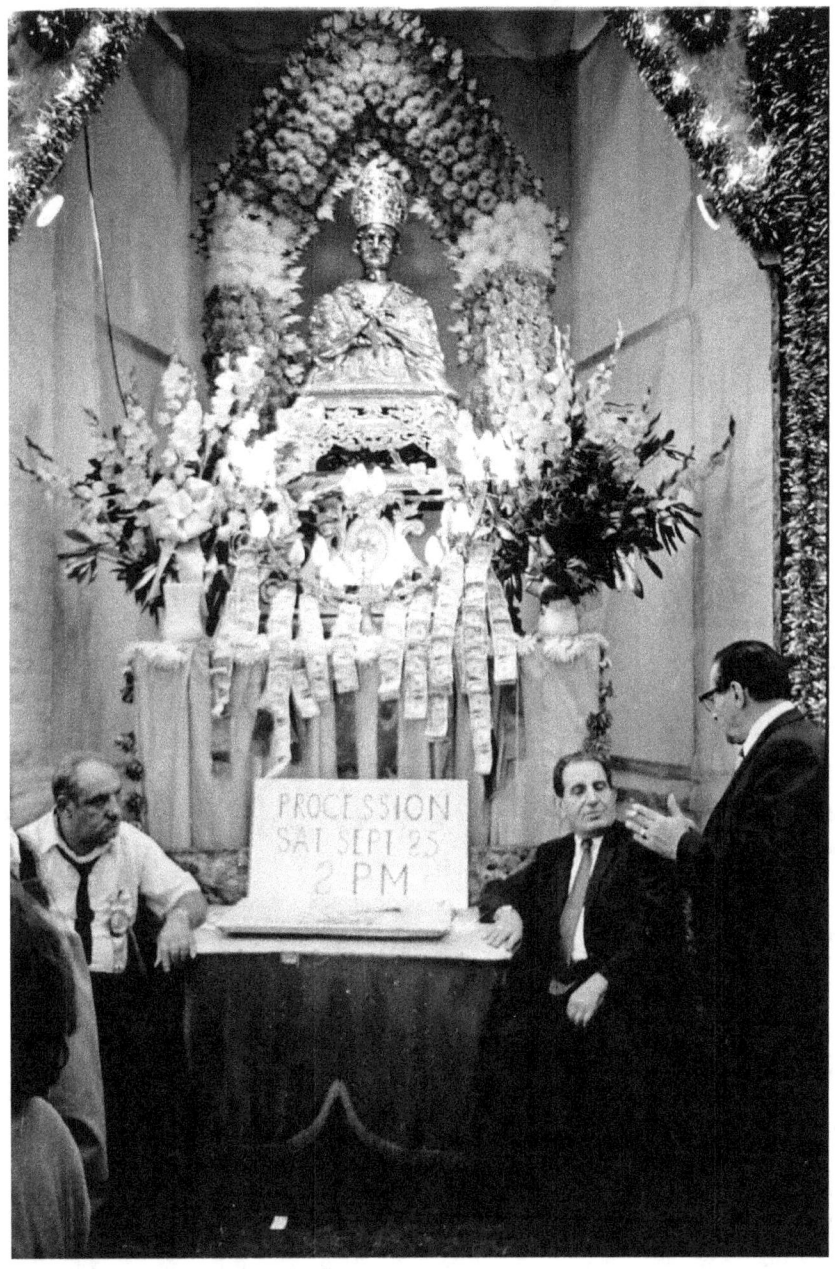

PROCESSION
SAT SEPT 25
2 PM

4 Novembre 2017

Mulberry Street, New York City

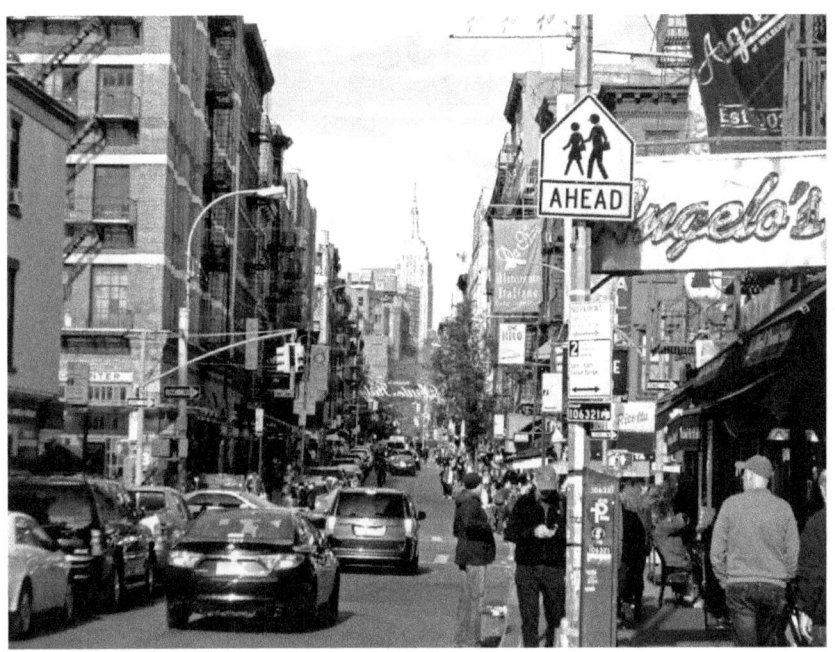

www.ingramcontent.com/pod-product-compliance
Lightning Source LLC
Chambersburg PA
CBHW052317220526
45472CB00001B/160